AF185658

Eberhard W. Grundmann

Wenn und Ach

Wirres und Weises mit den Herren Wennemann und Aberach

2. erweiterte Auflage

www.tredition.de

© 2020 Eberhard W. Grundmann

Verlag & Druck: tredition GmbH
Halenreie 40-44
22359 Hamburg

ISBN

978-3-347-21235-0 (Paperback)

978-3-347-21236-7 (Hardcover)

978-3-347-21237-4 (e-Book)

Das Werk, einschließlich seiner Teile, ist urheberrechtlich geschützt. Jede Verwertung ist ohne Zustimmung des Verlages und des Autors unzulässig. Dies gilt insbesondere für die elektronische oder sonstige Vervielfältigung, Übersetzung, Verbreitung und öffentliche Zugänglichmachung.

Der Autor verwendet schweizerdeutsche Rechtschreibung ß = ss.

Wennemann und Aberach

Wennemann und Aberach
wohnten schon vor allen Zeiten
immer unterm selben Dach
zu dem Behufe, sich zu streiten.

Soviel der beiden auch ein jeder
der Thesen schmiedet wohl zu Hauf -
der andre spiesst mit spitzer Feder
sie durch die Antithese auf.

(05.01.2013)

Vorstellung

Das Jahr dreizehn haben sie erkoren,
im Jahr dreizehn wurden sie geboren,
Zwillingsbrüder zwischen Wenn und Ach –
es sind Wennemann und Aberach.

Beide sind, ich will es hier erklären,
etwa mittleren bis ungefähren
Alters, und zwar ab principio,
und das bleibt auch bis auf weitres so.

Sie durchleben alles, was banal,
stellvertretend sowie integral,
mal als Narr und andermal als Held
immer im polaren Spannungsfeld.

Widersprüche stricken sie wie Strümpfe,
und sie waten damit durch die Sümpfe
unserer Gefühle und Gedanken
jenseits von Tabus und ohne Schranken.

Sie erkunden für uns das Gelände,
welches wir dann selber ganz behände
sichern Schritts durchschreiten ohne Wanken –
dafür dürfen wir den Brüdern danken.

(07.02.2013)

Wenn und Ach

Es liegt im Grund das ganze Leben
eigentlich nur zwischen Wenn und Ach,
doch manchmal liegt es auch daneben –
finden Wennemann und Aberach.

(10.04.2013)

Wanderung

Wennemann und Aberach
wanderten von Hohenbrumm
durchs Ödental nach Andernach.
Dort wussten sie nicht mehr, warum.

Das war insofern sehr fatal,
als sie den Heimweg nicht mehr fanden,
denn weder gibt es Ödental
noch Hohenbrumm in diesen Landen.

(05.01.2013)

Nah und Fern

Wennemann auf einem dicken
Aste sass um auszublicken
und sprach: So habe ich es gerne,
ich sehe weit, weit in die Ferne
und mach mir heute schon die Sorgen
von über-über-übermorgen.

Aberach, nun auch nicht träge,
naht mit der realen Säge,
und eh sich Wennemann bedacht,
ist er schon herabgekracht
mitten in das Hier und Jetzt,
wenn auch halbwegs unverletzt.

Da sitzen sie noch ganz benommen
und sind dann zu dem Schluss gekommen,
dass beides man gebrauchen konnte –
das Nächste wie auch Horizonte,
und Gegensätze nützen mögen,
wenn wir Synthesen daraus zögen.

(08.01.2013)

Neue Tüte

Aberach ist tief betrübt
ob der Kritik, die er geübt
an Wennemannes krausen
jüngsten Flausen.

Jener hatte ausgeheckt,
wie Recycling man bezweckt
mit neuen Tütenmoden
ohne Boden.

An der neuen Ladenkasse
kreuzt eine ganz spezielle Trasse
mit einer eignen Spur
der Müllabfuhr.

Durch die unten offne Tüte,
so will es die Gedankenblüte,
fällt der ganze Tand
auf ein Band.

So wird, was man sowieso
nicht brauchte, statt daheim ins Klo
oder auch verborgt,
gleich entsorgt.

Der Wirtschaft wird so wohlgetan.
Der Kunde leichten Schrittes dann
beschwingt nach Hause kehrt,
unbeschwert.

Aberach fand es am besten,
die Idee sogleich zu testen
in der, Gott behüte,
neuen Tüte.

Wennemann hat abgewunken
und ist in Trübsal tief versunken,
die beide nun vereint,
wie es scheint.

(10.01.2013 0500)

Am Pol

Wennemann, schon angejahrt,
tat sich mit Entscheidung hart,
sei's die Farbe der Krawatte,
die er umzubinden hatte,
sei's die Richtung beim Spaziergang,
die er sich mit Mühe abrang.

Letzteres erleichtert jetzt,
dass der Wohnsitz ward versetzt:
Dort, wo der genommen worden,
gehn alle Wege nur nach Norden.
Aberach besucht ihn bald,
doch ist es ihm hier viel zu kalt.

(11.01.2013 0530)

Heute und morgen

Wennemann erwartet schlechte Zeiten,
und er will sich darauf vorbereiten.
So schlägt er heute schon sich seinen Magen
voll mit Speisen von den nächsten Tagen.

Das Dumme an der Sache, das ist nur:
es geht leider gegen die Natur,
denn ihm fehlt der Winterschlaf vom Bär
und Ausfuhr, die vorweggenommen wär'.

Aberach von nebenan dagegen
lebt sein Leben auf ganz andren Wegen.
Er sagt: Was kümmert MORGEN mich, ihr Leute,
schliesslich leben kann ich doch nur HEUTE.

Doch eines Tages war sein Brotkorb leer,
und er dankte seinem Nachbarn sehr,
dass dieser ihm aus seinem Fach für morgen
alles, was er brauchte, konnte borgen.

So genossen sie den Tag vereint,
und ein jeder hatte, wie es scheint,
zur Wahrheit eine Hälfte beigetragen
zum Nutzen auch für aller beider Magen.

(12.01.2013)

Kraftfahrlogik

Wennemann kann sich der neuen
Fahrerlaubnis endlich freuen,
und er hat schon kalkuliert,
wie am wenigsten passiert,
wenn die Kreuzung er dann quert:
langsam sei es ganz verkehrt,
die Präsenzzeit wär zu gross
für einen Zusammenstoss.
Umgekehrt wird die ganz klein,
würde schnell wie Licht er sein.

Aberach jedoch erklärt,
nur ein Auto, das nicht fährt
und von Anfang an nicht startet,
ist so sicher wie erwartet.

Sonst geneigt zu Kompromissen,
ist Wennemann hier aufgeschmissen,
denn kein Mittelwert ist kenntlich
zwischen Null und fast Unendlich.
Doch wiegt schwerer in dem Fall,
jenseits vom Zusammenprall
der Wagen selber, wie ein Hohn
der Gedanken Kollision.

(14.01.2013 0315)

Wennemans Problem

Wennemann als feiner Mann
zieht nur beste Sachen an.
Für ihn gilt der Ehren-Code:
Kaufe nur in Brompton Road

so wie Mutti Windsor auch
nach dem guten alten Brauch!
Wennemann kauft Underpants
dort nach Seitenpräferenz.

Für des Kunden Händigkeit
stehen RECHTS und LINKS bereit.
Leider hat das nicht geholfen.
Als er Donnerstag beim Golfen

dringend hinter Büschen stand,
fand er nichts, wo sonst er fand.
Die Erkenntnis kam zu spät,
dass die Hose links verdreht.

Aber noch zur selben Stund'
fand Aberach den tiefer'n Grund:
Je komplexer ein System,
desto eher führt's zum Problem.

(15.01.2013 0315)

13

Spätnachrichten

Der Wecker schrillt um ein Uhr frühe,
und Wennemann steht auf mit Mühe.
Er hält es für der Fairness Pflichten,
zu widmen sich den Spätnachrichten,
denn dafür steht in Brot und Lohn
ja eine ganze Redaktion.

Doch Aberach spuckt in die Suppe
und lamentiert: Das ist mir schnuppe,
auch kannst du wirklich nicht bestreiten,
dass meistens diese Neuigkeiten
dieselben sind wie die von gestern
und die von morgen, ihre Schwestern.

Weil diese Argumente trafen,
hat Wennemann jetzt durchgeschlafen.

(19.01.2013 0030)

Tempo

Wennemann am Steuer
rast oft ungeheuer.
Liegt vor seiner Nase
eine grade Strasse,
fühlt er einen Sog,
der ihn vorwärts zog.
Rechts das Bein wird länger
und die Piste enger.

Doch der Stadtbaumeister,
Aberach, so heisst er,
und er ist kein Dummer,
macht die Strassen krummer
durch Schikanen seitlich
wie auch Buckel weidlich.

Wennemann sodann
kommt nur noch voran,
wenn er langsam schleicht –
was ja meistens reicht.

(19.01.2013 0830)

Glückwunsch

Wennemnn zur Weihnachtszeit
kaut den Bleistift lang und breit
über seiner Festtagspost:
Schreib ich heuer leichte Kost,
schreib ich etwa für und für
über die berühmte Tür,
vor der Weihnachten stets stehe,
oder wie die Zeit vergehe –
oder schreib ich tief und innig
etwas, das mehr tiefensinnig?

Wie er der Ideen harrte,
kam auf einmal eine Karte,
die schon vorgedruckt mit diesen
flotten „Greetings oft the Season".
Aberach aus Malibu
schickt sie ihm per Luftpost zu.

Wennemann ist ganz entzückt,
denn hier ist ein Text geglückt,
der für alle Zwecke passt,
ob du gleich Geburtstag hast,
ob im Winter, ob im Lenz
oder aber Kondolenz –
die genialen Season's Greetings
passen schier auf alle Meetings.

(19.01.2013 0410)

Strassenverkehr

Am Lenkrad ganz perfekt
fährt Wennemann korrekt,
jedoch er muss sich grausen
ob der Verkehrsbanausen,
die sich als wahre Flegeln
entheben aller Regeln.

Dieselben fahren nur
stets auf der linken Spur,
nur immer auf der linken
und ohne je zu blinken,
wohl aber um zu schleichen
und niemals auszuweichen.
Doch die besonders Schlechten,
die fahren auf der rechten,
um dort auf breiten Sohlen
ganz schnell zu überholen.

Der Stopp beim Stoppschild gilt
vermutlich nur dem Schild.
Auch die beruhigte Zone,
weil man dort selbst nicht wohne,
durchrast man um so flotter
wohl über Stein und Schotter,
parkt in der dritten Spur
mit Zettel „Bin auf Kur".
Herrn Wennemann verbittert,
dass hier die Ordnung splittert.

Der Aberach dagegen
gibt ihm zu überlegen,
dass zwar so manche Lenker
chauffieren wie die Henker,
jedoch im Fall des Falles,
dass alle machten alles
verkehrt, dann folgte dem:

auch dieses hat System,
und Wennemann sei der,
der störe im Verkehr,
weil einzig er allein
hält alle Regeln ein.

(24.01.2013 0500)

Fahrradreparatur oder der wiedergefundene Glaube an die Menschheit

Wennemann hat einen Fahrradschaden.
Damit geht er in den Fahrradladen.
Dort wird er auf's freundlichste empfangen
und der Fehler sofort angegangen
sowie weit're drei gleich mit behoben.
Wennemann kann nur den Meister loben.
Auch die Rechnung fällt sehr milde aus,
und der Kunde zieht den Schluss daraus,
dass die Menschheit noch nicht aufgegeben,
wenn so gute Menschen in ihr leben.

Aberach jedoch, der will erst hoffen,
wenn er diese guten Leut' getroffen
unter Direktoren und Regenten,
unter Bänkern und sonst Hochpotenten –
zwar gäb's unten Menschen ohne Tadel,
oben aber fehle es am Adel.

(23.01.2013)

Frischluft

Aberach, ein Feind von allen Düften,
ist in seinem Hause stets am Lüften,
Fenster hält er offen auch bei Frosten,
ebenso bei Schneesturm aus dem Osten,
selbst die Gartentüre lässt er offen,
um sich bessre Lüftung zu erhoffen.

Wennemann, der zu Besuch gekommen,
hat die Scheiben heimlich rausgenommen
und verkauft, um Aberach zu testen.
Dieser findet jetzt die Luft am besten.

(23.01.2013)

Risiko

Herr Wennemann liest mit Int'resse
besonders die Ratgeberpresse
und alsbald sieht er seine Welt
nur noch von Risiken umstellt.

Im Streben, die Gefahr zu meiden
und keinen Schaden zu erleiden
wagt er sich nicht mehr aus dem Hause
und trinkt nur noch lauwarme Brause.

Freund Aberach besucht den Tropf
und schüttelt seinen weisen Kopf:
Der äusseren Gefahr entrinnen
kannst du vielleicht, nicht der von innen.

Drum komm mit mir hinaus ins Weite,
lass die Bedenken all beseite
und stelle dich den Wechselfällen,
dann wird sich dein Gemüt erhellen.

(24.01.2013)

Doppelmord

Wennemann ist tief zerknirscht.
Heute früh am Morgen pirscht
er ins Bad, wo er erkennt,
dass ein Silberfischchen rennt
über den gefliesten Grund
mit 'nem zweiten Fischchen und
Wennemann sieht sofort rot,
Wennemann schlägt beide tot.

Dann, bei näherem Betracht,
sieht er, wen er umgebracht:
Eine Mutter ist's mit Kind,
die zu Tod gekommen sind.

Welche Hoffnung, welches Streben,
welches zukunftsfrohe Leben
hat er hier im Keim erstickt
und schon vor der Zeit geknickt!
All das geht ihm sehr zu Herzen,
und er spendet siebzehn Kerzen.

(27.01.2013 0040)

Selbstmord der Ungeborenen

Wennemann, er war noch jung,
und er ging mit vollem Schwung
an die Weltverbesserung.

Er sah sich um und mit Verdruss,
der Mensch ist nicht so, wie er muss.
Das führte ihn zu diesem Schluss:

Mancher wird nie je geboren,
lebt nicht und ist gleich verloren.
Solche allergrössten Toren

bringen sich, und das ist dumm,
eigentlich doch selber um -
per se ips' ad exitum.

Aberach verwundert sich.
Diese Logik wunderlich
geht ihm gegen jeden Strich.

Wie, so fragt er Wennemann,
ist es irgend möglich dann,
dass sich einer töten kann,

der noch nicht geboren ward?
Wennemann rauft seinen Bart:
Grade das sei ja so hart!

(31.01.2013 0440)

Agentur für Bedenken

Wennemannes neue Agentur
bietet allen jenen, die auch nur
irgendetwas nicht so gerne mögen
oder von etwas zurück sich zögen

und sich bei Begründungen verrenken
beste vorgefertigte Bedenken.
Dieses Angebot ward gleich zum Renner.
Von dem Strelasund bis an den Brenner

kaufen die Politiker in Massen –
Wennemann muss sie schon warten lassen.
Selbst Freund Aberach, als er jüngst fragte,
musste sich gedulden, wie er sagte.

(01.02.2013)

Eine Frage des Blickwinkels

Weiter südlich sei man ärmer,
dafür habe man es wärmer,
las in einem Kurzbericht
Wennemann, doch widerspricht
Aberach und schreibt gewichtig,
just das Gegenteil sei richtig,
wie er eben grade lerne –
viele Grüsse aus der Ferne,
Kapstadt, erster Februar,
fünf, Mandela Boulevard.

(18.02.2013)

Verkehrsnachrichten

Wennemann sitzt schon seit Tagen
hinterm Ofen mit Behagen,
um den Nachrichten zu lauschen,
wo Verkehr staut, statt zu rauschen,

wo es kracht und splittert,
wo es donnert und gewittert.
Doppelt froh ist er sodann,
dass ihn dieses ficht nicht an.

Schauder füllt ihn und ein Bangen
wegen dem, dem er entgangen,
was ihn zum Entschlusse treibt,
dass er morgen auch hier bleibt.

Aberach jedoch erklärt,
nur weil Wennemann nicht fährt,
sei die Lage schon viel besser.
Da zückt Wennemann das Messer.

(04.02.2013)

Virtuelles

Will Herr Wennemann spazieren gehen,
mag er nicht aus seinem Fenster sehen,
sondern fragt TV und Internet,
was es heute für ein Wetter hätt'.

In den meisten Fällen bleibt er hängen,
weil ganz andre Themen ihn bedrängen
oder weil die Technik wieder zickt –
Abend wird's, bis er sich durchgeklickt.

Bestenfalles sieht er Leute wandern,
er versetzt sich dann in diese andern,
und so verwandelt sich ganz auf die Schnelle
sein Spaziergang in das Virtuelle.

Manchmal wünscht er sich, dass an der Türe
Aberach, der Freund, stünd' und entführe
ihn zu einem Rundgang um den Block,
dass er nicht nur in der Stube hock'.

Da erfand der Fortschritt – welch ein Hohn –
das verflixte Bildertelefon.
Wennemann hat's um so mehr beweint,
als der Freund nur noch am Schirm erscheint.

(05.02.2013)

Schlafschule

Wennemann liebt es, zu träumen,
frei von den realen Zäumen
unbeschwert dahinzuschweben
wie in einem Doppelleben.

Aberach hat ihn beneidet.
Er, der oftmals daran leidet,
dass er nachts nicht schlafen kann,
fragt um Rat den Wennemann.

Dieser nahm ihn zum Adept
und gab ihm folgendes Rezept.
Für den Schlaf ist es das Beste,
du liegst in einem warmen Neste,

und zwar möglichst waagerecht,
ferner wäre es nicht schlecht,
wenn es dunkel wär und still.
Darauf sprich zu dir: Ich will

einzig meinem Atem lauschen,
wie die Atemzüge   rauschen
ein und aus und   ein und   aus   und

hätte just nicht da der Haushund
laut gebellt im nahen Hafen,
wären beide eingeschlafen.

(10.02.2013 0405)

Schattenwurf

Wennemann liebt es, wenn nächtens
beim Spazierengehn vermächtens
des Lichts der städtischen Laternen
jeweils beim von diesen sich Entfernen
sein Schatten sprunghaft wächst
und ihm vorauseilt wie verhext.

Der Gedanke schmeichelt ihm verhohlen,
dass er selbst sich könne überholen
nur in seines eignen Geistes Lichte,
wenn er es denn auf sich selber richte.
Zum Unendlichen sieht er sich wachsen –
oder zu den näheren Galaxen.

Herr Aberach, der runzelt seine Stirne
und fragt: Reicht denn das Licht in deiner Birne?
Der Wennemann hat darauf angefangen
zu zweifeln und ist schliesslich heimgegangen.
Das Strassenlicht erschien ihm nunmehr heller –
und wieder war der eigne Schatten schneller.

(10.02.2013 0210)

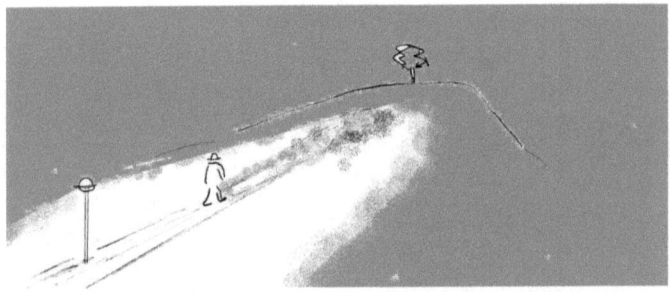

Wennemann, der Reimer

Wennemann kann es nicht lassen,
die Welt und sich auch selbst
in gereimten Text zu fassen.

Legt er sich des Nachts zu Bette,
wandern in die schwarze Folie
Wörter ein in Reih und Kette,

die sich schieben und sich schütteln,
purzeln, wechseln und verdrechseln,
bis sie sich in Reime rütteln.

Wennemann greift dann zum Block,
der an seinem Bette liegt,
und notiert den Text ad hoc.

Solcherweise kam auch hier
der Bericht von Wennemann
justament auf's Druckpapier.

(11.02.2013 0430)

Kongress

Wennemann fährt zum Kongress.
Das Thema lautet Stress,
a) weil es in aller Munden
und b) kein andrer Reim gefunden.

Der Kongress ist überfüllt,
aus allen Tür und Toren quillt
der Besucher Überzahl,
und ein jeder hat die Qual,
aus den vielen parallelen
Kursen etwas auszuwählen.

Wennemann sucht Aberachen,
leider ist das nicht zu machen,
viel zu gross ist, weiss der Himmel,
das Gewühle und Gewimmel.

Als sie dann nach sieben Wochen
das Gelernte durchgesprochen,
wundern sich doch beide sehr:
ihre Meinung ist konträr,
so als ob zwei differente
Tagungen sie geistig trennte.

Aberach meint darauf kess,
der Kongress sei selber Stress.

(20.02.2013 0545)

28

Dipol

Die Welt, soweit man sehen kann,
sei bipolar, meint Wennemann.
Als Beispiel nennt er Süd und Nord,
des weiteren Geburt und Mord,
auch Minus und dagegen Plus
genau wie Anfang versus Schluss,
hier weiblich und dann männlich dort.

Da fällt ihm Aberach ins Wort
und meint, die Pole seien nur
Extreme in der Welt Natur,
dazwischen lägen ohne Zahl
Nuancen vor zur freien Wahl,
zum Beispiel hundertachtzig Grad
stünden zwischen Süd und Nord parat.

Nur kurz ist Wennemann verdutzt
und hat die Zweifel weggeputzt:
Nuancen her, Nuancen hin,
die Pole hätten trotzdem Sinn.

(17.02.2013 2355)

Falsch

Wennemann lernt eine nette
Dame kennen und er hätte
sie zur Freundin gern genommen.
Dazu ist es nicht gekommen.

Nach anfänglichem Entzücken
hat sie hinter seinem Rücken
übel über ihn gesprochen.
Daran ist der Plan zerbrochen.

Das falsche Luder fuhr so fort
mit jedem und an jedem Ort.
Am Ende blieb sie ganz allein,
denn niemand wollte mit ihr sein.

(08.02.2013 0240)

Tagfreier Tag

Herr Wennemann klappt den Kalender auf
und sieht, dass in des ganzen Jahres Lauf
sich ein Gedenktag an den andern drängt,
auf manche Tage eine Vielzahl zwängt.

Just siebenhundertfünfundvierzig Tage
fand Wennemann, und das sind schliesslich sage
und schreibe reichlich zwei pro Tag im Schnitt.
Zählt man jedoch nur die globalen mit,

so findet man zweihundertfünfzehn Treffer –
für eine Jahressuppe reichlich Pfeffer.
Es finden sich dabei ein Tag des Lachens
sowie ein Tag des Musik-selber-Machens,

ein Tag des Kusses und ein Tag der Huren
wie gleichfalls der Versöhnung mit den Buren,
die Deutschen retten einmal die Kastanien,
am zweiten Mai denkt an Madrid ganz Spanien,

die Toiletten ehrt man im November,
die Anti-Korruption dann im Dezember,
dann wieder widmet man sich dem Tourismus
beziehungsweise schliesslich dem Autismus.

Gesundheit allgemein sowie der Zähne
entdeckt man alsbald neben Handhygiene,
am siebten März Gesundernährung steht,
am sechsten Mai dagegen Anti-Diät.

Psoriasis und Leber, Niere, Herzen,
sowie auch Rheuma, Lepra, Krebs, Kopfschmerzen
erhalten einen eignen Tag als Bonus,
desgleichen Brailleschrift und Hypertonus.

Knapp fünfzig aller Denktermine hangen
allein an medizinischen Belangen.
Doch dann fand Wennemann noch unbenutzte
zweiundsechzig Tage, und er stutzte.

Er rief den Aberach, das Glück zu teilen.
Sie proklamierten ohne zu verweilen
den Tagefreien Welttag und fixierten
als Jahresdatum Monat März, den vierten.

(26.02.2013)

Vom Dasein zum Hiersein

Herr Aberach besucht seit einem Jahr
ein philosophisches Basis-Seminar.
Er lernt dort, dass die Welt ganz allgemein
geprägt sei durch ihr eigentliches Sein,

ihr Sein an sich als solches, in Stringenz
durch ihr Geworfensein zur Existenz,
das Sosein ihr statt Nichtsein so verleiht
und sie zum Dasein und zum Sinn befreit.

Das Dasein sei der wesentliche Kern
des Seienden per se, ob nah, ob fern.
Der Aberach, der glaubt das nicht aufs Wort.
Ich selber würde, sagt er, auch mal dort,

mal da sein, doch ganz wesentlich scheint mir,
ich wäre, und zwar selber, jetzt und hier.
Aus dem Gesagten folgert er mit List,
dass wichtig für die Welt ihr Hiersein ist.

Was nützt, denkt er, die Welt, die einmal da,
dann wieder dort ist, aber mir nicht nah.
Geworfen oder nicht geworfen, mir
erscheint entscheidend nur, ich hab sie hier.

(03.03.2013 0220)

Ei der Erinnerung

Seit eh und je versteckt Herr Wennemann
die Ostereier und so gut er kann.
Gar manches hat er derart gut versteckt,
dass er's am Ende selber nicht entdeckt.

Es fand sich dann vielleicht im nächsten Jahr,
als es schon leider ganz verdorben war.
Zu enden dieses Missgeschick diktiert
er die Verstecke und das garantiert,

dass man am Schluss genau nach dem Diktat
auch noch das letzte Ei gefunden hat.
Den Aberach hat dieses angeregt,
denn dauernd sucht er das, was er verlegt.

Er spricht jetzt ständig in ein Mikrofon,
was und wohin er stellt und legt und schon
zieht Ordnung ein in seinen Alltagslauf.
Da, eines Tages, fällt ihm plötzlich auf,

dass er von selber weiss, wo etwas war,
weil durch das Sprechen sein Gedächtnis klar
fast wie ein Tonband aufgeschrieben hat,
was früher einfach es vergessen tat.

(04.03.2013 0600)

33

Unterwassertherapie

Die Freundin von Herrn Wennemann
ist, wie das öfter ist bei Frau'n,
von aussen recht hübsch anzuschau'n,
doch fängt sie erst zu reden an

dann steht ihr Mundwerk nicht mehr still,
es spricht und spricht und spricht dahin
ganz ohne Pause, ohne Sinn
als ein verbaler Overkill.

Im Umkreis von sechs Metern sind
die Leute regelrecht betäubt,
es liegt am Boden, wer sich sträubt,
und mancher wünscht sich taub und blind.

Freund Aberach weiss guten Rat.
Er schickt die zwei zum Barrier Reef
und lässt sie tauchen lang und tief,
was Wennemann gerettet hat.

(05.03.2013 2330)

Alte Liebe

Wennemann fährt einen alten Wagen,
ein Exemplar aus längst vergangnen Tagen,
das auf ihn in der Garage wartet,
dass er es am nächsten Morgen startet,

aber nicht nur einfach so banal,
sondern nach genauem Ritual!
Erst muss man den Motivator schalten,
Choke genannt, und dieses nur beim kalten

Motor – umgekehrt, ist der noch heiss,
gilt das gegenteilige Geheiss.
Ist jedoch der Motor abgesoffen,
macht ein Tritt aufs Gas die Drossel offen.

Dann wird kurz gestartet, nicht zu lange,
sonst wird es der Batterie ganz bange.
Fängt nun die Maschine an zu laufen,
hält man sie mit mildem Gas am Schnaufen,

dass sie in den inneren Gedärmen
sich allmählich sachte kann erwärmen.
Auf der Reise singt der alte Wagen
sein vernehmlich Lied vom Wohlbehagen,

nicht so lautlos wie moderne Kutschen,
die gefühllos durch die Raumzeit flutschen.
Nein, das alte Lied erzählt so viele
Sachen über Zündung sowie die Ventile,

über Fahrwerk, Lenkung und Getriebe,
über Mühsal und die alte Liebe.
Abends hört man, wie der Wagen ächzt
und nach Wartung auf der Grube lechzt,

dass Wennemann die Nippel schmiere
und die Handbremsseile nachjustiere.
Dann entsteigt er ölverschmiert der Gruft,
schwarz ist er und schwarz ist seine Kluft.

Aus dem rabenschwarzen Antlitz blickt
ein zufriedner Wennemann beglückt.
Auch das Auto strahlt, und ich beneide
sie, denn jetzt erstrahlen alle beide.

(07.03.2013)

Falscher Hund

Wennemann hat einen Rassehund,
der ist hochbegabt und Klasse und
mit dem besten Orientierungssinn
kommt er überall zurück und hin.

Wennemann verkauft den Hund ganz weit
weg und gibt ihm ein paar Tage Zeit.
Dann steht fröhlich wedelnd vor der Tür
der Hund und spricht: Ich bin jetzt wieder hier.

Schnell verkauft sein Herr nach kurzer Sichtung
ihn gleich wieder in die andre Richtung.
Fragt der erste Kunde bei ihm an,
gibt ehrlich Fehlanzeige Wennemann.

Und so weiter und so weiter fort
kommt der Hund herum von Ort zu Ort,
dass sein Herr des Zubrots sich erfreue
ohne alle Skrupel oder Reue.

Da entgegnet ihm nun wie so oft
Aberach, der Freund, ganz unverhofft:
Potz und Blitz! Du darfst des Hundes reine
Seele doch nicht für solch hundsgemeine

Tricks missbrauchen. Du bist nämlich hier
der falsche Hund und nicht das brave Tier.
Wennemann bat darauf unter Tränen,
dieses fürder nicht mehr zu erwähnen.

(09.03.2013 0540)

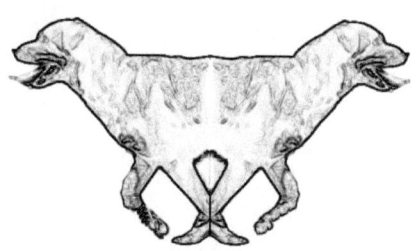

Droben

Wennemann, als ihn sein Schöpfer schuf,
wirkte lange erst im Brotberuf,
bis er schliesslich, so ist zu berichten,
seine Sendung sucht und fand im Dichten.

Er betrachtet seine Welt ganz gern
mal von innen, aussen, nah und fern,
auch von unten, hinten oder oben
und ist endlich dabei sanft entschwoben.

Dem Vernehmen nach ist er in lichten
Höhen immer noch dabei zu dichten,
und er hat aus Nebeln und aus Wolken
noch so manchen Vers herausgemolken.

(21.03.2013 0500)

Wennemanns neue Himmelsmechanik

Wennemann erwacht
mitten in der Nacht.
Ein Gedankenblitz
reisst ihn aus dem Sitz.

Die Väter stritten grob,
ob die Erde, ob
sie eine Scheibe sei
oder Kugel oder Ei.

Alles eitler Tand,
wie Wennemann jetzt fand.
Vom Traum her mit dem Tubus
erkennt er sie als Kubus

mit Gebirgen an den Kanten
vom Ural bis zu den Anden
und mit Ebenen dazwischen
und mit Seen drin zum Fischen,

und mit Mooren und mit Torfen
wird er täglich neu geworfen
von des Schicksals Übermächten,
von den guten wie den schlechten.

Wennemann erklärt penibel,
so erst würden uns plausibel
die Wechselfälle der Geschicke,
welche statt als Bahn als Knicke

imponieren und im Leben
wie auch sonst als Erdenbeben,
wenn wieder mal und über Nacht
der Würfel auf die Kante kracht.

Aberach ist hochentzückt,
endlich wird zurechtgerückt,
was ihm bisher als ein Rätsel
verschlungen schien wie eine Brezel.

(21.03.2013 0410)

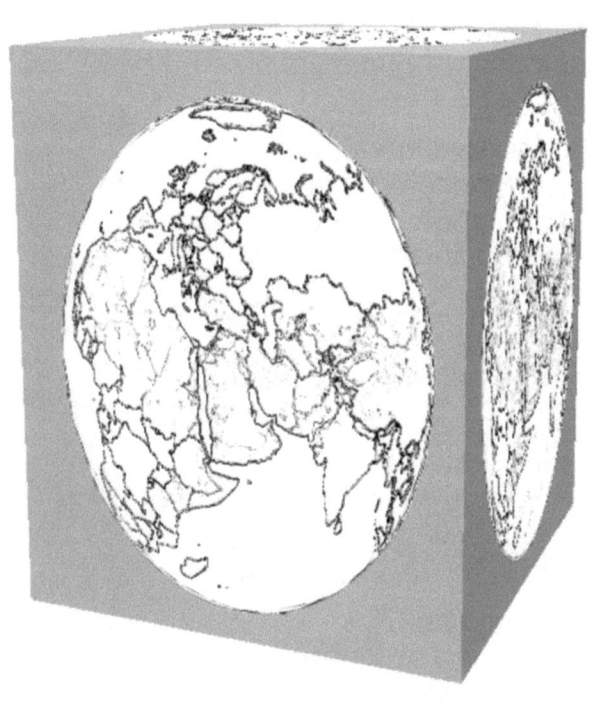

Nervendraht

Die Welt, sie hängt an einem Drähtchen,
das musste Wennemann erkennen,
als man tatsächlich in dem Städtchen,
in dem er wohnte, ihn zu trennen

sich nicht entblödete. Die Leitung
vom Telefon und vom Computer
ist tot, es bleibt nur noch die Zeitung,
und hilflos, hilflos blinkt der Router.

Versperrt ist nun der Griff zum Web mit
dem weltweit angehäuften Wissen,
bei E-Mails läuft nullkommakein Bit –
kurzum, die Lage ist verrissen.

Dabei, muss Wennemann feststellen,
sind jene, auf die wir vertrauen,
höchst unstet flüchtige Gesellen
und niemals völlig klar zu schauen.

Seit Heisenbergsche Elektronen
statistisch durchs Gelände toben
in ungeschärften Relationen,
bleibt es am Ende nur bei groben

Vermutungen bezüglich ihrer
Geschwindigkeit und ihres Ortes,
und Wennemann scheint der Verlierer
zu sein im wahren Sinn des Wortes.

Es naht, wie stets in solchen Fällen,
Freund Aberach, mit neuem Denken
den Sinn des andern aufzuhellen.
Das Augenmerk sei nicht zu lenken

aufs Elektron im Einzelfalle,
der Stromfluss erst, ob an, ob aus,
er liefert die Signale alle,
macht Information daraus.

Doch nichts geht ohne rechte Leitung:
Glasfaser, Nerven oder Drähte,
die Info sucht nach der Verbreitung,
das gilt fürs Hirn wie für Geräte.

Der Physiker Heisenberg stellte 1927 fest, dass man bei
einem Elektron oder anderen Teilchen entweder den Ort
oder die Geschwindigkeit, nicht aber beides gleichzeitig
feststellen kann. Von einem Elektron weiss man also nie
genau, was es wann und wo macht.

(23.03.2013)

Trau aber schau

Wennemann ist jüngst in Zorn geraten,
weil er wiederum nicht roch den Braten.
Dabei hatte er sich doch geschworen,
hinfort wäre alle Müh' verloren,

ihn zu täuschen, neppen oder linken,
würde auch die schönste Lockung winken.
Niemand wollte er in Zukunft trauen
und nur auf sich selbst alleine bauen.

Dann jedoch geschah, was er nicht dachte,
dass ein Fremder ihm Verlor'nes brachte.
Er geriet dadurch in tiefes Grübeln,
weil doch oftmals unter vielen Übeln

auch die allerschönsten Blumen blühen,
nämlich die von redlichem Bemühen,
von Erbarmen, Grossmut und Vertrauen –
Wennemann will nun auf diese schauen.

(17.04.2013)

Evolution

Wennemann hat seinen Laden
gut geführt und ausgestaltet
mit Qualität in hohen Graden,
hochmodern und nicht veraltet.

Dann verkaufte er an einen
jüngeren und hoffnungsfrohen
Mann vom Fach, so wollt' es scheinen.
Die Erwartung ist entflohen,

als der Neue alle Werte
konterte und demontierte
und mit ungerechter Härte
die Angestellten schikanierte.

Alles, was an gutem Standard
Wennemann hat eingerichtet,
hat der Neue voller Hoffart
abgeschafft und glatt vernichtet.

Wennemann gerät ins Grübeln,
ob abgesehn vom Einzelfalle
sich die Menschheit je von Übeln
aufschwingt hin zur Ruhmeshalle,

oder ob, was wir Entwicklung
nennen, nicht ein Kreisgang sei,
der in ewiger Verstrickung
angepflockt im Einerlei.

Aberach versucht zu trösten:
Fortschritt bei den Qualitäten
stosse immer auf die grössten
Hindernisse und da täten

Vor- und Rückschritt alternieren
so, dass man erst nach Äonen
kann die Frage ventilieren
nach den Evolutionen.

Wennemann seufzt hörbar auf:
Wie soll ich da noch hoffen,
denn mein kurzer Lebenslauf
lässt ja alle Fragen offen.

(30.03.2013)

Reiselust

Wennemann erhält von Aberach
einen Kartengruss aus Biberach,
einen anderen aus Saint-Tropez,
danach einen noch aus Ninive.

Leuchtend locken liebliche Gestade,
Weltberühmtes zeigt sich in Parade,
und Wennemann wird förmlich überschwemmt
von Reiselust und Fernweh ungehemmt.

Doch dann schaut er auf sein liebliches
eignes Heim und auf sein friedliches
Ambiente und gerät in Zweifel:
Was, so fragt er, soll ich in der Eifel,

in Asunción, am Zuckerhut,
denn zu Hause ist es grad so gut,
und Tapetenwechsel ohne Säumen
finde ich noch stets in meinen Träumen.

(01.04.2013)

Fastenkur

Herr Wennemann beginnt zu fasten,
um von überflüssigen Lasten
sich zu befreien.

Jedoch zeigt ihm die böse Waage
auch nach Ablauf zahlreicher Tage:
Alles beim Alten!

Er konsultiert Freund Aberachen
mit der Liste all jener Sachen,
die er gestrichen.

Da liest man Hummer, Wachteln, Schnecken,
Graupen, Hirse, Mohn sowie Flecken
und so weiter.

Mir kommen, spricht der Freund, die leisen
Zweifel, ob du je diese Speisen
hast gegessen.

Natürlich nicht, ich kann's nicht leiden,
drum beschloss ich, dieses zu meiden,
ist doch klar!

Ja, wenn du weglässt, was du sonst auch
niemals isst, dann bleibt dir dein Dickbauch
wie er ist.

(30.03.2013 0400)

Kein Beitritt

Wennemann, weil er noch nicht verstorben,
wurde von Parteien stark umworben.
Mitglied sollte er am besten werden
jeweils in der besten auf der Erden.

Nach genauer Prüfung der Statuten
musste Wennemann jedoch vermuten,
dass nicht die Partei Partei ergriffe
ihm zum Nutzen, nein, zum Diener schliffe

sie ihn als Parteisoldaten ein,
um den Führern nützlich dann zu sein.
Dienst für Mächtige will er nicht machen,
dienen will er lieber bei den Schwachen.

Wennemann hat sich ein Lied gepfiffen
und ist den Parteien ausgekniffen.
Nun steht er für jedermann bereit
mit Humor und Witz und Heiterkeit.

(11.04.2013)

Mafia

Aberach hat neulich ganz bestürzt
die Italienreise abgekürzt,
weil in dem Café, in dem er sass,
zwei Maskierte und nicht nur zum Spass

sieben Herren an dem Nebentisch
kurz entschlossen und auf einen Wisch,
als sie ihr Geschäft erörterten,
vom Leben in den Tod beförderten.

Dort, wo die Mafiosi rüde walten,
sagt er, wolle er sich nicht aufhalten.
Wennemann, an den er sich gewendet,
hat ihm daraufhin den Trost gespendet,

dass in Deutschland man normalerweise
zwar auch Mafia hätte, aber leise,
die statt mit Theater ganz versteckt
ihr Ding dreht, bürokratisch und korrekt.

Die Aussicht gibt dem Aberach den Rest –
zu wählen zwischen Cholera und Pest,
und am Ende flüchtet unser Held
in das sprichwörtliche Bitterfeld.

(13.03.2013)

Frauenversteher

Wennemann hat unbeschreibliche
Hochachtung für alles Weibliche,
insbesondere für das der Frauen,
was ihn dann zu einfühlsam genauen

Studien derselben motovierte,
welche er derart intensivierte,
dass er sich bis in das Allerletzte
in sein Studienobjekt versetzte.

Nunmehr glaubt er endlich durchzublicken,
wie im Innersten die Frauen ticken.
Seine Freundin Alma, der er sich
offenbarte, machte einen Strich

durch die akademische Betrachtung.
Zwar, so sagt sie, schätze sie die Achtung,
doch sie hege Zweifel, dass ein Mann
Frauen besser noch verstehen kann,

als die Frauen selber sich verstünden.
Dieses grad sei eine von den Sünden,
jemanden zu überinterpretieren,
statt ihn einfach nur zu respektieren.

(13.04.2013)

Pulmonaria

Wennemann, etwas zu Geld gekommen,
hatte sich das Rauchen vorgenommen,
denn man fängt am meisten an
mit dem, was man sich leisten kann.

Dumm nur, dass die Unschuld alter Zeiten,
als man über die Gefahren streiten
konnte, längst verloren war.
Das wurde Wennemann jetzt klar.

Darauf liess er alle die Zigarren
hinterm Haus in einem Beet verscharren.
Dort wächst jetzt ein Lungenkraut,
das froh auf seine Lungen schaut.

(14.04.2013 0120)

Wetterbericht

Wennemann geht es wie jedermann,
dem das Wetter nicht gefallen kann.
Mal ist es zu heiss, zu kalt, zu nass,
wer meckern will, der findet immer was.

Schon die Wetternachricht im TV
bringt ihn schier in Rage wie noch nie,
weshalb Aberach ihm jüngst empfahl,
nur Berichte hinter dem Ural

auszuwählen. Folgend diesem Rat
gibt sich Wennemann jetzt moderat,
wenn am fernen Ort die Wetter toben,
und er kann den Aberach nur loben.

(20.04.2013)

FKK

Wennemann, der auch in späten Jahren
halbwegs konnte die Statur bewahren,
ging am liebsten zum Nudistenstrand,
weil er es dort am bequemsten fand.

Statt sich andauernd umzuziehn mit Stress
reicht ihm hier als einzig Badedress
das, was ihm der Herr, als er ihn schuf,
mitgab ganz genau zu dem Behuf.

Aberach, der runzelt seine Ethik,
und er hegt Bedenken der Ästhetik.
Wennemann entgegnet unbeirrt,
dass hier nie jemand belästigt wird.

Erstens läge man ja sowieso
hinterm Windschutz oder, dies zu zwo,
Thalassa, das Meer, das uns gebar,
nimmt uns wieder auf mit Haut und Haar.

Mit den Fischen halte man Synode
besser ohne jede Bademode –
unvorstellbar sei für ihn ein Barsch
mit 'ner Badehose überm Leib.

(15.04.2013)

Heckenschnitt

Wennemann benimmt sich wie die tote
sagenhafte Kunstfigur Quijote.
Einst vor Jahren liess er um den ganzen
Rand des Gartens eine Hecke pflanzen.

Leider, was er damals nicht bedachte,
hat der Gartenbauer, der es machte,
überwiegend Stacheln und auch Dornen
angepflanzt zur Rache für die Nornen,

die den Wennemann nun stachen, schnitten,
ritzten. Viel hat Wennemann erlitten,
bis er sich zum Kampf entschloss und Waffen
für den Krieg begann sich anzuschaffen.

Seither sieht man ihn in Schweiss und Blut
gebadet und mit Inbrunst, Glut und Wut,
mit Motorsäge, Häcksler, Beil und Schere
kämpfen, so als gelte es die Ehre.

(18.04.2013)

Vernachlässigte Welt

Wennemann hat neben andren Lieben
neuerdings sich der Physik verschrieben.
Er bewundert diese Wissenschaft,
die die Welt mit ihrer Geisteskraft

durch und durch durchleuchtet und durchdringt
und kompakt in ihre Formeln zwingt.
Allerdings fällt ihm beim Studium auf:
oftmals gehn die Formeln nicht ganz auf.

Meistens greift man zu Naturkonstanten,
welche hinterm Komma sanft versanden,
oder man erklärt den Faktor X
für „vernachlässigbar", setzt ihn auf nix.

Im Einzelfalle stört das weiter nicht,
doch vielleicht erlangte es Gewicht,
wenn man all die kleinen Reste fände
und zu einem Strauss zusammenbände.

Aberach, dem er sich anvertraut,
hilft sogleich, und eh' der Morgen graut,
haben sie aus den verschmähten Resten
eine neue Welt geformt. Den Testen

der Physik bleibt sie komplett verborgen.
Dorthin flüchten beide, wenn die Sorgen
in der ersten Welt sie arg bedrängen,
denn nur hier sind sie befreit von Zwängen.

(29.04.2013 0400)

Form und Inhalt

Form und Inhalt, welches von den beiden
wird zuletzt den wahren Wert entscheiden?
Wennemann ruft ohne Zögern aus:
Nur der Inhalt kriegt von mir Applaus.

Zum Exempel nennt er guten Wein,
der in einem goldnen Becherlein
grad so gut schmeckt wie in einem Glas.
Aberach jedoch bestreitet das.

Marmor beispielsweise sei doch nur
ein Gestein, ein Fels in der Natur.
Erst der Künstler formt daraus die Werke –
ergo: in der Form liegt alle Stärke.

Freundin Alma hört von der Debatte
und erklärt, es sei wie Caffè latte,
beides würde sich total durchdringen
und den Wert zu zweit zur Geltung bringen.

Erst der eingeengte Horizont
öffne hier die kontroverse Front,
und der Streit der beiden um das Recht
sei im Grunde nur ein Scheingefecht.

(30.04.2013)

Stille in Stereo

Aberach entschliesst sich zum Erwerb
einer Limousine, die superb
ist und mit dem Luxus aus der ersten
Wahl ganz vollgestopft ist bis zum Bersten.

Die Klanganlage etwa, die gehört
zu den allerbesten und betört
durch den unvergleichlich schönen Klang –
markentypisch Firma Dings und Bang.

Aberach indessen präferiert,
dass man still und schweigend nur chauffiert.
Ausgeschaltet bleibt auf seinen Reisen
das Akustikwunder in der leisen

Limousine. Er und Wennemann
hören sich stattdes die Stille an
auf dem technisch höchsten Weltniveau
in Surround und Quadro Stereo.

(05.05.2013 Münster)

Radsport

Wennemann verreist nach Reyk-
javík und kauft sich dort ein Bike,
damit zu fahren auf den Mountain,
was später alle sehr bestaunten.

Dabei achtet er auf Klasse
und eine möglichst kleine Masse –
was die allermeisten Leuten
fälschlich als Gewicht missdeuten.

Hätten sie Physik gelernt,
ahnten sie noch ganz entfernt,
dass Gewicht die Schwerkraft ist,
die man an einer Masse misst.

Mit der Höhe über'm Meer
schrumpft die Kraft dann immer mehr.
Ist ein Gipfel erst erreicht,
wird das Mountainbike ganz leicht.

Es sinkt zudem der Widerstand
der dünnen Luft im hohen Land –
doch leider hat das nicht gezählt,
weil hier die Luft zum Atmen fehlt.

Dann kam auch noch Aberach,
der zu Wennemann so sprach:
Für's Training musst du dich mehr plagen
und am Arm Gewichte tragen.

Wennemann tritt hier in Streik:
Wozu das ultraleichte Bike,
wenn ich dann Gewichte lade?
Nein, ich fliege jetzt gerade

auf den Berg mit Helikopter,
um von dorten praeter propter
mit den anderen Banausen
auf dem Bike zu Tal zu sausen.

(12.05.2013)

Puls

Der Wennemann hat ein Projekt,
in das er allen Ehrgeiz steckt,
das bringt er permanent voran
mit voller Kraft und viel Elan.

Ganz ist er davon besessen,
weder schlafen oder essen
will er wegen dieser Sache,
doch sein Körper sinnt auf Rache.

Aberach, den er verehrt,
hat ihn neuerdings bekehrt.
Schliesse, sagt er, einen Pakt
mit des Lebens Puls und Takt,

dem Pulsieren zwischen Polen,
Arbeit hie und da Erholen,
angespanntes Tagestun,
losgelöstes nächtlich Ruh'n.

Auch ein Blick nach links und rechts
vom Projekte wär' nichts Schlecht's,
weil das Hirn sehr vielgeschichtet
Dienste parallel verrichtet.

Und in der Tat gewinnt direkt
dadurch auch Wennemanns Projekt
an neuer Fahrt und neuem Schwung
durch der Gedanken Übersprung.

(16.06.2013 Neuendorf / Hiddensee)

Stromausfall

Bei Wennemann ist Stromausfall,
erst in der halben Küche, dann
im ganzen Hause überall.
Er nahm erst eine Störung an

im eignen Hause, dann jedoch
im Stromnetz seines Strassenzugs.
Zum Glück hat er sein Handy noch
und spricht nun hin und her und flugs

wird klar, ein Bagger biss den Draht,
man sei schon dran, und in zwei Stund'
stünd' Strom dann wie gewohnt parat.
Jetzt aber läuft die Welt nicht rund.

Das Festnetztelefon fällt aus,
ins Internet ist nicht zu schauen,
es schläft auch der Alarm vom Haus,
der Kühlschrank fängt schon an zu tauen.

Bei soviel Stillstand ringsumher
erstaunt, dass manches doch noch geht:
was Akku hat, wenn noch nicht leer,
auch Wasser, das mit Druck ansteht,

mit Kohle könnte man noch grillen,
mit Kerzen leuchten kurze Zeit,
doch auch beim allerbesten Willen –
man käme damit nicht sehr weit.

Herrn Wennemann wird wieder klar,
wie netzabhängig unsere Welt
geworden ist, und dass fürwahr
das Netz die Welt zusammenhält.

(16.05.2013

Abend und Morgen

Oft ist er sich selbst zum Fluch,
nämlich durch den Widerspruch
dessen, was er abends tut
und was für den Morgen gut.

Abends locken lange Stunden
in des Weines frohen Runden,
und der Appetit erwacht
gern noch mitten in der Nacht.

Weh, der Morgen ist dann trübe,
denn im Kopf liegt eine Rübe,
und das, was die Waage zeigt,
unaufhaltsam weiter steigt.

Frühsport, der jetzt angesagt,
wird aus Kopfschmerz gleich vertagt.
Dafür greift der Vorsatz Raum:
Heute halt' ich mich im Zaum.

Doch packt der Gewohnheit Macht
wieder wie in jeder Nacht
unsren armen Wennemann,
weil er nicht mehr anders kann.

Nur Freund Aberach weiss Rat,
und er schreitet schnell zur Tat.
Abends hat er nun gefunkt:
„Notfall, komme sofort, Punkt."

Wennemann durchbricht den Kreis
und fährt nun auf sichrem Gleis
mit dem Takte der Natur
besser als mit jeder Kur.

(26.05.2013)

Sport à la mode

Sport sei so gesund,
Sport sei nötig und
nur, wer Sport betreibt,
gut am Leben bleibt –
liest man überall,
und in diesem Fall
fängt nun Wennemann
endlich damit an.
Im Spezialgeschäft
kauft er sich ein Heft.
Das studiert er länger,
seine Wahl wird enger,
und am Ende steht
fest, worum es geht.
Wieder in dem Shop,
kauft er sich die Top-
Sportbekleidung und
Zubehör für rund
einen Batzen Geld.
Dann zu Hause fällt
er in die Lektüren
aller der Broschüren,
welche ihm die Sachen
erst verständlich machen.
Dabei wird jetzt klar,
was noch nötig war.
Wieder fährt er los
zu dem nächsten Gross-
einkauf wie im Rausch,
später dann zum Tausch
und zum Reklamieren,
denn es funktionieren
keineswegs die Dinge
wie's am besten ginge.

So vergeh'n die Wochen.
Da hat vorgesprochen
Aberach mit einer
Frage, die gemeiner
nicht zu denken: Wann
fängst du endlich an?
Wennemann voll Sorgen
sagt ihm kleinlaut: Morgen!

(01.06.2013)

Lebenserwartung

Wennemann ist voller Sorgen,
ob er leben wird noch morgen,
denn er ist schon hochbetagt,
so dass ihn der Zweifel plagt,
wann der Hein die Sense schwingt
und man ihn zum Friedhof bringt.

Aberach, wie stets gescheit,
hält für ihn den Trost bereit.
Mit Statistik rechnet er
die Wahrscheinlichkeit ihm her,
nächstes Jahr so grade eben
doch vielleicht noch zu erleben.

„Als du jung warst galt somit,
dass du lebst so lang im Schnitt,
wie die Sterbefalltabelle
dir verheisst mit ihrer Elle –
du jedoch hast unbestritten
diese Marke überschritten.

Dass du nun ein weitres Jahr
dranhängst ist damit sogar
noch wahrscheinlicher als einst,
was du zu begreifen scheinst:
Nur, wer es bis hier geschafft,
hat vielleicht noch ein Jahr Kraft.

Alle, die bereits entschwunden,
haben dich doch aufzurunden:
Einundachtzig wird nur der,
der auch achtzig war vorher."
Wennemann ist so verwundert,
dass er glaubt, er wird noch hundert.

(29.10.2013)

Kompromiss

Wennemannes Politik ist nach der Wahl
eh'r diagonal-zentral bis fast neutral,
und weil er sich weder dexter noch sinister
gibt, ist er jetzt europäischer Minister.

Er muss nun mit all den anderen Kollegen
harte Nüsse knacken und sich überlegen,
wie man europä'sche Kompromisse findet
und die Zeit bis zu den nächsten Wahlen schindet.

Eines Tages debattierte man in Danzig:
Ist denn wirklich drei mal sieben einundzwanzig?
Die Kollegen aus dem Süden warnten schon,
diese Formel führe in die Rezession.

Andre suchten in Gesprächen auf dem Flur
nach der besten Lösung für die Konjunktur.
Einer gar von ihnen hackte grobes Holz:
Das Diktat verletzt den nationalen Stolz!

Endlich eint man sich auf einen Korridor,
zwischen zehn und zwanzigtausend sieht der vor
und dazu die Überprüfung der Methode
in der nächsten Legislaturperiode.

(17.06.2013 0155 Neuendorf / Hiddensee)

Regentschaft

Wennemann ist eh'r ein Mann der Mitte,
massvoll, brav und auch von guter Sitte,
Reichtum hat er nicht und muss nicht darben,
Wunden konnten meistens gut vernarben.

Sein Leben plätscherte so vor sich hin
und ward umplätschert ganz im selben Sinn.
Ereignisse geschahen anderswo,
und Wennemann genoss den Staus quo.

Einzig wegen der Regierung Walten
musste er schon mal Kritik entfalten.
Als nun bei den jüngsten Landeswahlen
die Partei der Erzdiagonalen

ihn zum Spitzenkandidaten kürte,
und er sie sogleich zum Wahlsieg führte,
wurde er nach Paragraf 4 f
folgerichtig zum Regierungschef.

Er entsann sich früherer Kritiken
und begann nach Bess'rung auszublicken.
Doch als er dann Tätigkeit entfaltet,
ward vom Apparat sie totverwaltet.

Auch verlor er hoch in der Regierung
alsbald Erdung und die Orientierung.
Da riet Aberach zu einem Trick:
Mit falschem Bart und Zopfe im Genick

ging er mitten unter kleine Leute
und erfuhr, was die so denken heute.
Manches, was ihm da in seine Netze
ging, kam späterhin in die Gesetze.

Solcherart ging es nun Jahr für Jahr,
als Wennemann an der Regierung war.
Das Volk von Ost bis Süd und Nord bis Westen
sprach, Wennemanns Regentschaft war am besten.

(19.06.2013 Neuendorf / Hiddensee)

Allein

Allein auf eines Waldes Wiese,
des Glaubens, niemand sähe diese,
steht Wennemann fast wie verloren,
um in der Nase sich zu bohren.

Indes, er hat die Rechnung ohne
die Satellitenumlaufzone
gemacht und nicht bedacht, dass droben
viel Augen durch den Himmel toben.

Des Abends ist er ganz verblüffelt,
dass Aberach ihn strengstens rüffelt.
Nur Alma tröstet ihn verhohlen
und hat den Keller ihm empfohlen.

(02.07.2013)

Der Poet und der Tod

Wennemann ist – wie man's dreht –
doch ein ärmerer Poet:
Will er seine Reime drucken,
muss er erst das Geld ausspucken.

Ist das Buch dann hergestellt,
lobt ihn zwar die halbe Welt,
doch es kauft wie alle Zeit
nur die kleinste Minderheit,

respektive der Verlag
meldet Minimalertrag,
was der Autor glauben muss,
und wovon er zum Verdruss

ausgezahlt kriegt zehn Prozent.
Das Finanzamt konsequent
sieht hier kein Gewinnerstreben,
sondern Hobby nur und eben

deshalb fallen auch die Kosten
nicht unter Steuerabzugsposten.
Jahre später läuft es runder.
Da geschieht ein kleines Wunder:

Wennemann denkt jetzt zurück
an der frühen Jahre Glück,
als er Reime voll Behagen
kleinsten Kreisen vorgetragen,

die noch echt begeistert waren,
frei von modischem Gebaren,
als die Kunst noch voller Herz
frei gewesen vom Kommerz.

Zuletzt gelang ihm noch ein Coup,
sein Umsatz stieg steil an im Nu,
als er schied aus dieser Welt.
Aberach hat festgestellt:

Von der Kunst kann man erst leben,
wenn man gestorben ist soeben.

(01.07.2013 0340)

Einkauf

Herr Wennemann kauft ohne Not
das neuste Sonderangebot
und handelt dabei wie in Trance
im Glauben an die letzte Chance.

Zu Hause türmen sich indessen
die Sachen, die dann schnell vergessen
und allesamt noch ganz intakt
und meistens or'ginalverpackt.

Zum Glück ist Aberach gekommen
und hat den Freund zur Brust genommen.
Du sollst nur, was du brauchst, dir kaufen,
und nicht auf Vorrat solche Haufen.

Der Wennemann fühlt sich befreit
und legt die Werbung auf die Seit.
Es wird jetzt wieder selbst entschieden,
was gekauft wird, was gemieden.

(15.06.2013 Neuendorf / Hiddensee)

Weltreise

Wennemann montiert auf seinen
Rechner eines von den feinen
Satellitenbildprogrammen,
um mit Alma dann zusammen

unsern Erdball zu umrunden
und ins Letzte zu erkunden.
Samstag Nachmittag beim Tee
stechen sie beherzt in See,

reisen an die fernsten Strände
durch zerklüftete Gelände
über Berge schroff und steil
ohne Haken, ohne Seil.

Sie gelangen zu den Wüsten
und romantisch wilden Küsten,
zu den grössten Wasserfällen,
oder auch auf die Seychellen.

Ganz, wie sie es gerne hätten,
schlendern sie mal durch Manhattan,
über die Champs Élisées
und sogar bis Ninive.

Schliesslich zoomen sie sich ran
an den Freund von Wennemann:
Aberach mit Kaffeetasse
sitzt entspannt auf der Terrasse,

und als wär' es ihm vertraut,
dass von oben jemand schaut,
salutiert er mit der Linken –
Wennemann und Alma winken.

(02.07.2013)

Bitteres Ende

Was lange ihre Heimstatt war,
wo sie gelebt in ganzen Horden,
wo sie gehaust seit Tag und Jahr,
das ist zur Falle jetzt geworden.

Verhängnisvoll war just der Platz,
den sie erwählt für ihr Zuhause –
hat jemand erst mal einen Schatz,
zerstört ihn auch schon ein Banause.

Allhier in Wennemanns Salon,
da hatten sie Quartier genommen,
doch Wennemann kennt kein Pardon,
ist ihnen auf die Spur gekommen.

Mit einem Sauger sog er sie
heraus aus ihrem trauten Hort,
nur zwei entkamen, wer weiss wie,
und sie verkrochen sich vor Ort.

Doch Wennemann voll List und Arg
hat alle Ritzen abgedichtet
und so den beiden einen Sarg
der ganz besondren Art errichtet.

Dort schleppt sich nun mit letzter Kraft
verzweifelt, abgekämpft und leise,
auf dass der Tod Erlösung schafft,
der Ameisbock zu der Ameise.

Den letzten ihres Volkes ist
ein Denk- und Mahnmal hier errichtet,
das Aberach voll
Lust und List
den Nachgeborenen
gedichtet.

(20.07.2013)

Wundermittel

Wennemann, der traf vor Tagen
eine Frau, die voller Klagen
war bezüglich Kopf und Schmerzen
und dem Rhythmus von dem Herzen.
Schuldig sei, sprach sie in Qualen,
nur der Mond mit seinen Strahlen.
Hilfe habe sie gefunden
endlich jetzt in kleinen runden
Globuli von Exkrementen
von den Salvadori-Enten.

Wennemann, wie stets empathisch,
hielt sich selbst für symptomatisch
und nahm gleich die Wunderpillen,
vorzubeugen solchen Grillen.

Aberach liess das nicht gelten:
Ich, so sprach er, muss dich schelten.
Mondesstrahlung gibt es nicht,
nur reflektiertes Sonnenlicht,
und Kugeln aus der Enten Grützen
können einfach gar nichts nützen.

Wennemann wischt das vom Tisch:
Sieh doch, ich bin froh und frisch
dank den wunderbaren Mitteln –
die darfst du fürder nicht bekritteln!

Aberach verstummt jetzt ganz
im Angesicht der Ignoranz.
Leicht bekämpft man etwas, das
es nicht gibt mit etwas, was
ohne Wirkung und beweist
den Erfolg am Ende dreist
mit dem Fehlen eben jenes
vorgetäuschten Phänomenes.
(04.03.2017)

Selbstbetrug

Wennemann begibt sich auf die Reise
und geniesst sie auch auf seine Weise,
selbst wenn er manch Ärger und Verdruss
hie und da schon mal ertragen muss.

Im Gedächtnis dann in spätern Zeiten
sieht er nur noch all die guten Seiten,
und je öfter sich die Reise jährt,
wird sie mehr und mehr und mehr verklärt.

Ebenso verfahren bis anheute
auf der Lebensbahn die meisten Leute:
Um die Laune sich nicht zu verderben
übersehen sie den Bruch und Scherben.

Doch am Ende kranken ihre Seelen,
weil Wahrhaftigkeit und Klarheit fehlen.
Auf dem Teppich geht man nicht gediegen,
wenn darunter die Probleme liegen.

(26.09.2013)

Der Quantenhund

Wennemann und Aberach spazieren
durch das Dorf mit Crimissus, dem Hunde,
welchen sie an zweien Leinen führen.
Dieses geht auch gut die erste Runde.

Doch bei ihren üblichen Debatten
kommen sie sich überquer und gehen
in verschiedne Richtung. Dabei hatten
sie den Hund just gänzlich übersehen.

Wie dieses Paradox zu heilen wäre,
grübeln sie und lösen die Beschwerde
mit Relativität und Quantenlehre:
Wenn der Hund ganz gross und klein die Erde

wäre, könnte man verschiedne Wege
gehen und dabei die Hundeleine –
was an der Kugelform der Erde läge –
in der Hand behalten, jeder seine.

Um die Relation geht es im Grunde,
quantum terrae, quantum canis, wieviel
von der Erden, wieviel von dem Hunde
ist beteiligt an gedachtem Beispiel.

Zieht man Dimensionen ins Extreme,
krümmt dann auch noch kräftig ihre Sphäre,
einen Widersprüche sich bequeme,
auch Quantisten und Relationäre.

Die feiern drum mit einem Ehrenplatze
Wennemannes Hund auf dem Kongresse
gleich neben Schrödingers berühmter Katze
und präsentieren ihn der Jubelpresse.

Relativitäts- und Quantentheoretiker werden hier des Reimes (und sprachlichen Vergnügens) wegen Quantisten und Relationäre genannt. – Der Physiker Schrödinger veröffentlichte 1935 ein Gedankenexperiment zur quantenmechanischen Wahrscheinlichkeit, in dem eine Katze vorkommt.

(13.08.2013)

Ratgeber

Wennemann räumt kleinlaut ein,
nicht so ganz perfekt zu sein.
Diesen Mangel auszuwetzen,
will er auf Berater setzen.

Branchenbücher sind zum Bersten
voll von solchen esotersten
Helfern, die mit Ayurveden,
Zen und Fu und Kneipp für jeden

Rat und Hilfe prophezeien,
die mit Körnern und mit Kleien
oder Spannen und Relaxen
und mit manchen andern Faxen,

auch mit hochverdünnten Wässern
jedes Leiden flugs verbessern,
die mit Mondstrahlenergie
neue Lebensstrategie

offerieren und zum Schluss
lehren, wie man atmen muss.
Solchem Coach fiel in die Hände
unser Wennemann am Ende.

Jener schwor bei Stein und Bein:
Du musst ein ganz andrer sein!
Wennemann übt viele Wochen
und ist dann zusamm' gebrochen.

Der nächste Coach verspricht sich Heil
nun vom genauen Gegenteil –
und wieder übt der Wennemann
bis dass er nicht mehr weiter kann.

Aberach greift endlich ein,
hilft dem Freund, er selbst zu sein.
Das tut Wennemann nun gut,
und er fasst sich neuen Mut.

(31.08.2014 Loitz)

Ultra

Wennemannes neue Disco
steht in Lombard Street in Frisco,
nennt sich und mit gutem Grund,
„Ultra" und ist sehr gesund.

Die Musik macht nicht Krawall,
denn sie geht mit Ultraschall.
Auch die Gäste, sonst ehr schrill,
sind in seinem Hause still,

denn ein jeder trägt vorm Mund
'nen Konverter klein und rund
der die Stimme, die sonst quäkt,
in Ultrawellen überträgt.

Die gehetzten Grossstadtleute
strömen dorten hin bis heute,
um der Ruhe zu geniessen,
die sie sonst doch sehr vermissen.

Deutschland hat's auch übernommen,
weil es über'n Teich gekommen.
Selbst Tyrannen sind geneigt
zu Systemen, wo man schweigt.

(14.12.2013)

Prophezeiung rückwärts

Wennemann trifft eine alte Hex,
die nach Übergabe eines Schecks
gegen alle menschliche Vernunft
sucht ihm weiszusagen die Zukunft.

Allerdings kann er die Qualität
der gekauften Leistung viel zu spät
überprüfen und er findet kaum
Übereinklang mit der Hexe Traum.

Längst verschwunden ist die alte Schlunzen
und mit ihr auch Wennemanns Penunzen.
Da beschliesst er umzudeuten eben
den Orakelspruch und auch sein Leben.

Nach geraumer Weile passt es dann.
Prophezeiung, lieber Wennemann,
so belehrt ihn darauf Aberach,
Macht man leichter später hintennach.

Philosophen sagten einst dazu
vaticinium ex eventu.
Dieses übersetz ich frank und frei:
Prophetie von dem, was längst vorbei.

(29.12.2013)

Zwei Wege

Immer wieder ist in diesem Leben
uns ein grosses Thema vorgegeben.
Es dann zu erreichen gibt es viele
Wege hin zu dem erwünschten Ziele.

Wennemann und Aberach, die beiden,
gehen Wege, die sich unterscheiden.
Wennemann sagt: Ich bereite lange
alles vor, bevor ich dann anfange.

Aberach dagegen spricht: Ich mache
mich umgehend an den Kern der Sache.
Wennemann verzettelt sich in kleinsten
Nebensächlichkeiten und in feinsten

Nuancen die sein Thema kaum berühren,
ihn auf gänzlich andre Wege führen.
Zwar findet er dort auch so manchen Schatz,
doch bleibt der Hauptaufgabe wenig Platz.

Aberach dagegen packt beherzt
das Problem an dort wo's drängt und schmerzt
ohne gross nach rechts und links zu schauen,
um dann so die Lösung auszubauen.

Gemeinsam sind die beiden unerreicht:
der Realist, der nicht vom Wege weicht
und andrerseits der kreative Schwärmer -
ohne diese Beiden wär'n wir ärmer.

(12.02.2014 0150)

Waage und Gewicht

Wennemannes alte Waage sage,
sagt er, das Gewicht nur ziemlich vage.
Drum kauft eine neue er bei Lilo,
diese zeigt ihn leichter um ein Kilo.
Wennemann fühlt sich als der Gewinner
und enteilt mit Appetit zum Dinner.

(11.04.2014)

Späte Erkenntnis

Herr Wennemann im Alter findet,
der Körper geht, der Körper schwindet.
Was ihm jahrzehntelang zu dienen
ganz selbstverständlich ist erschienen,
wird jetzt erst deutlich wahrgenommen,
als es in Subtraktion gekommen.

So bleibt verborgen oft im Leben,
was uns direkt vor Augen eben,
und erst im späteren Verlust
wird das Verlorene bewusst.

(14.08.2014)

Fluchten

Der Aberach beim Frühstücksei
erzählt, dass er geflohen sei
aus einem schlimmen Traum heut Nacht,
von dem er spornstreichs aufgewacht.

Freund Wennemnn dagegen sucht
sein Heil des öftern in der Flucht
vor Unbill in der rauen Welt
und huscht in schöner Träume Zelt.

Obwohl dieselbe Grenze da
passiert wird vice und versa,
begegnen sich die beiden nicht –
es sei denn hier in dem Gedicht.

(26.02.2015)

Va bene

Wennemann, bedroht von zwölfen,
heulte schliesslich MIT den Wölfen,
heulte lauter noch als jene
und vertrieb sie so - va bene!

Aberach fand mit Bedauern
den Wolf jetzt IN dem Freunde lauern.
Ist man gegen ein Gesindel,
dann ist Mitgeheul nur Schwindel.

(02.03.2017 0345)

Neu und Alt

Es verliert den Mut Herr Wennemann,
weil doch alles, was man schreiben kann
irgendwann schon einmal dagewesen,
irgendwo ist es auch nachzulesen.

Daraus schliesst er, dass man nur durch Sprengen
alles Vorvorhandenen die engen
Barrieren überwinden könne,
damit Neues endlich frei begönne.

Aberach zeigt sich hier eh'r bedachtsam.
Sei, so spricht er, mit dem Alten achtsam,
hüten sollst du, was bewährt, und streben
zu ergänzen, Fehler zu beheben.

Wer da alles sprengt, kommt gar nicht weiter,
reiner Irrsinn macht dich nicht gescheiter.
Neu allein ist keineswegs schon besser,
nur, was falsch ist, soll auch unter's Messer.

(27.06.2015)

Reise

Wennemann zu stolzem Preise
ging auf eine grosse Reise,
weit, so weit wie er nur konnte
hinter alle Horizonte.

Als er alles hat bezwungen
und zum letzten durchgedrungen,
biegt er eben um die Ecke
und erblickt im Stuhl mit Decke

Aberach, den Freund, den lieben,
der zu Hause war geblieben.
Was, fragt der, hast du gefunden
auf dem Erdenball, dem runden?

Anderswo, so spricht der Wanders-
mann, ist vieles auch nicht anders
dann als hier auf unsrer Scholle,
anders ist nur meine Rolle,

wenn als Gast ich flüchtig eile
durch die Fremde Meil' um Meile.
Aberach entgegnet leise:
Schau, auch ich ging hier auf Reise,

Reise nämlich durch die Zeit
und kam dabei grad so weit.
Flüchtig Gast sind so besehen
wir ob gehen wir ob stehen.

(14.08.2014)

Traum und Wirklichkeit

Das ist mein Glückstag heute,
sprach Wennemann und freute
sich, weil er nicht in toto
vergessen Schirm und Foto
in jenem Gasthaus unbedacht,
das er besucht im Traum heut Nacht.

Freund Aberach parierte,
im Traume, da passierte
doch sowieso nichts niemals nie,
und alles sei nur Phantasie.

Da irrst du, sprach Herr Wennemann,
ich trete den Beweis gleich an:
Schau, hier sind Schirm und Kamera
ganz wie im Traume wieder da!

(26.08.2015)

Wennemanns Rebellion

Drei Tage kämpft er schon
an gegen Konvention.
„Ich will und will die Sachen
nicht so wie immer machen.
Nur Streben nach dem Neuen
soll fürder mich erfreuen."

In Konsequenz sieht man
im Regen einen Mann,
der mit dem Schirm verdreht
nun tief im Wasser steht.
Zwar wird er praktisch nass,
doch hat er theoretisch Spass.

(09.01.2016)

Wennemanns Familientag

Wennemann und Aberach, sie treffen
jährlich ihre Basen, Nichten, Neffen,
Onkel, Enkel, Schwäger, Schwieger, Tanten
wie auch alle sonstigen Verwandten.

Anfangs gilt es, Namen zu sortieren,
sich nicht mit dem falschen zu blamieren.
Dann verbindet frühere Geschichten
man mit allerneuesten Berichten.

Solcherart auf neustem Stand fürwahr
trennt man sich erneut für'n ganzes Jahr,
um nach gutem Trunk und reichlich Essen
beinah alles wieder zu vergessen.

(26.09.2015 Sörgenloch)

Terrorei

Wennemann bereist ein fremdes Land.
Dort regiert ein strenger Präsident,
welcher jede Art von Widerstand
schlicht und einfach Terrorismus nennt.

Gegen den geht der entschlossen vor,
steckt dabei sein halbes Volk in Haft,
nennt Kritik und Widerspruch Terror,
was dann immer neuen Terror schafft.

Sollte dermal einst das Blatt sich wenden,
wäre es im Grund nur umgekehrt,
und der Terror würde niemals enden,
wenn man immer weiter so verfährt.

(05.03.2017 0100)

Fastenzeit

Wennemann macht sich bereit
zu einem Opfer in der Fastenzeit.
Endlich hat er's und er ruft Hosianna!
Ich verzichte jetzt auf Marihuana!

Aberach, dem er's berichtet,
hat die Idee sogleich vernichtet.
Du hast das Gras doch nie genommen,
dann kann es dir als Opfer auch nicht frommen.

Doch Wennemann, der wendet ein:
Wie sollte das kein Opfer sein,
wenn ich's stets vermeide, echt,
und in der Fastenzeit erst recht?

Sonst wäre, wer stets alles meidet
ja jeder Möglichkeit entkleidet
– die Logik muss das so erzwingen –
jemals ein Opfer darzubringen.

(21.03.2017 0255)

Trinkkur

Der Wennemann, der hat
in dieser fremden Stadt
eine Trinkkur angefangen,
Gesundung zu erlangen.

Mehrmals täglich sieht man ihn jetzt wandern
in der Karawane mit den andern
stracks von Brunn zu Brunnen, Quell zu Quelle
um zu trinken Wasser klar und helle.

Da – welch Wunder – schon nach vierzehn Tagen
fühlt sich Wennemann und mit Behagen
in der Tat um einiges gesünder,
und er dankt bei Gott dem Bädergründer.

Er lobt des Wassers klandestine Kraft,
die geheimnisvoll Gesundheit schafft.
Doch Aberach kam auf Besuch daher
und entzaubert diese fromme Mähr.

Siehe, nur weil du nach strengem Plan
Wasser trinkst vom frühen Morgen an,
da verdrängst du deine vielen Sünden,
die dir deine Leiden sonst begründen.

Dem, der Schädliches nicht meiden kann,
biete etwas ganz Neutrales an,
dieses hemmt die Gifte definitiv,
einfach, sicher und kompetitiv.

(21.03.2017)

Theorien

Wennemann erfindet eine Theorie
zur Lösung des Rätsels von Lumme.
Die funktioniert auch,
aber, und das ist das Dumme,
nur beim Rätsel von Lumme.

Nun lässt er sich verleiten,
mit der Theorie zu schreiten
auch zur Lösung des Rätsels von Dimme,
doch, und das ist das Schlimme:
jetzt versagt die These von Lumme.

Da trifft den Kollegen Dannewitz
ein völlig neuer Geistesblitz
und löst den Knoten mit einem Male.
Nur Wennemann, und das ist das Fatale,
will nichts dergleichen gelten lassen.

Aberach versucht, den Streit zu schlichten:
Nicht jeder Deckel passt auf jeden Topf.
Schau über'n Rand hinaus, du armer Tropf:
Genie ist nur Genie auf seiner Insel
und anderswo oft Einfaltspinsel.

(22.03.2017)

Zeitdehnung

Herr Wennemann, der hat gelernt,
dass, wer sich schnell genug entfernt,
mithin viel langsamer vergeht –
durch diese Relativität.

Sogleich beginnt er loszurennen,
um dann am Ende zu erkennen,
der Zeitgewinn ergibt sich nur
auf der daheimgelassnen Uhr.

Und da kommt Aberach auch schon
und rät zur Gravitation,
weil weit von oben her geblickt
die Uhr ganz unten langsam tickt.

Ja, das bemerke ich ja auch,
spricht Wennemann, an meinem Bauch:
denn will mein Kopf ihn lieber enger,
bleibt er dagegen dick noch länger.

(02.04.2017)

Träume

Wennemann auf seiner Ruhestätte
denkt, dass er jetzt nichts zu denken hätte.
Plötzlich zuckt durch seines Hirnes Rinde
ein Impuls von sich aus und geschwinde,
und weil die Kontrollinstanzen pennen,
kann er ungewohnte Bahnen rennen.
So entsteht ein Traumbild nach dem andern:
Wennemann sieht sich jetzt selber wandern,
dann vermeint er, Aberach zu sein,
mal mit sich zusammen, mal allein,
und genau so wie im echten Leben
streiten beide auch im Traume eben.
Dann auf einmal macht es klirr und klapp:
Wecker schrillt, Synapsen schalten ab –
alles steht geordnet in Regalen
unter dem Gesetze des Banalen.
Doch ein schwacher Nachklang schwingt noch fein
von dem, was manchmal könnte möglich sein.

(13.04.2017)

Es werde Licht

Herr Wennemann, der stets bestrebt,
der Zeit voraus zu sein, erlebt,
wie, kaum dass er sich vorne sieht,
die Zeit an ihm vorüberzieht.

Zum Beispiel liess er sich betören
zum Kauf von diesen Leuchtstoffröhren,
und als sein Haus so umgestaltet,
sind jene Dinger schon veraltet.

Das LED tritt neu hervor
und zwar sogar als Austauschrohr,
das mittels eignem Starter dann
den alten Platz einnehmen kann.

Doch Wennemnn ist noch gescheiter
und geht zwei Riesenschritte weiter.
Er baut die alten Drosseln ab
und setzt den Strom direkt in Trab.

So hat er schliesslich diese Runde
gewonnen – jetzt auf die Sekunde,
doch bleibt er weiterhin bereit
zum steten Wettlauf mit der Zeit.

(17.04.2017)

Zypresse

Es pflanzte Wennemann und mit Finesse
an seines Gartens Rand eine Zypresse,
und weil er wollte sparsam sein
kaufte er den Baum ganz klein.

Wachsen wird er, wie ich meine,
dachte er, von ganz alleine.
Allein das tat die Pflanze nicht
und blieb ein kümmerlicher Wicht.

Zum Wachsen wollt' sie sich nicht schicken,
so sehr der Gärtner auch mit Blicken
sehnsuchtsvoll an allen Zweigen
zieht und zupft – nichts will sich zeigen.

Doch wie die Jahre so vergehen,
glaubt Wennemann, etwas zu sehen,
was er kürzlich noch nicht sah.
Er schaut's von fern und schaut's von nah,

und wirklich, Dank sei dem Erlöser,
der Baum ist nun schon etwas grösser,
und weiter unterm Sog der Blicke
wachsen Höhe und auch Dicke.

Bald ist Wennemann von beiden
der Kleine und nicht zu beneiden,
denn nun will er mit seinen Augen
die Pflanze bremsen, doch sie taugen

nicht zu diesem Zweck und Ziel.
Das bringt die Frage mit ins Spiel,
ob sie einst vor vielen Tagen
zum Wachstum etwas beigetragen.

(13.04.2017)

Der längste Bus

Wennemann grübelt schon seit Jahren,
ob ein hypothetisch gedachter
unendlich lang gemachter
Bus kann um die Kurve fahren.

Aberach beweist, dass dieser Bus,
weil der relative Einstein, und das stimmt,
unendliche Gerade in sich selbst zurückgekrümmt,
letztendlich um die Kurve fahren muss.

Ein solcher Bus, so rechnet er ihm aus,
führe, der Beweis ist nicht so schwer,
nicht nur sich selber hinterher,
sondern zugleich sich voraus.

Überdies, und die Gefahr ist gross,
käme das unendliche Gefährt,
gleich ob es linksrum, rechtsrum fährt,
mit sich selber zum Zusammenstoss.

Andrerseits, ist er sich bald im Klaren,
ist der überlange Stretchgeselle
zur gleichen Zeit an jeder Haltestelle
und müsste somit gar nicht fahren.

Ergo gibt es, schliesst er mit Stringenz,
im Unendlichen nicht Ort, nicht Zeit,
sondern nur die schiere Ewigkeit
gepaart mit Omniopräsenz.

(06.06.2017 0600)

Unendlich

Eine endlos lange,
eine solche Schlange
bisse sich ganz
gewiss in den Schwanz,
selbst wenn sie gerade
wäre, denn ohne Gnade
treffen gerade Linien
sich selber in Infinien.

Wennemann mit einer Schere
führt diesen Biss ins Leere,
indem er trotz Gezeter
die Schlange kürzt um einen Meter.

Aberach hingegen repliziert:
Was immer man auch subtrahiert,
was man kürzt von dem Unendlichen –
es bleibt beim Unabwendlichen,
denn Unendlich minus einer
wird mitnichten kleiner.

Einzig das, was gleichgewichtet,
hätte etwas ausgerichtet:
Unendlich minus und Unendlich plus
führt zur glatten Null am Schluss.

Wie kann man das beweisen?
Keine Schlange wird sich beissen,
die von sich selber subtrahiert
und folglich gar nicht existiert.

(02.11.2017)

Friedenskanone

Die alte Frage, lässt sich ohne Waffen
oder nur mit solchen Frieden schaffen,
beschäftigt Wennemann nun schon seit Stunden.
Die Lösung hat er endlich jetzt gefunden:
Die Waffe, die, von einem Chip gesteuert,
bei ungerechtem Einsatz rückwärts feuert.
Plötzlich sind, ob östlich oder südlich,
westlich, nördlich, alle Menschen friedlich.

(05.04.2018)

Jetzt

Wennemann lebt hinterm Leben her,
wenn zum Augenblick er wieder spricht:
wie gefällst du mir doch allzu sehr,
drum verweile ich und weiche nicht.

Unterdessen sind die schnellen Leute
längst davongezogen und besorgen
noch an diesem Tag, noch heute
all die Dinge, die von übermorgen.

Aberach indes weiss den zu schätzen,
der das Jetzt bewusst erleben kann,
statt im Optativ nach vorn zu hetzen
wie in einem bösen Zauberbann.

(15.02.2018)

Teufelsuche

Wennemann hat seine Zweifel,
ob er Gott je finden würde,
deshalb sucht er jetzt den Teifel,
als vermutlich klein're Hürde.

Doch soviel er forscht und suchte
und in fernste Länder reiste,
fand er nichts und er verfluchte
die Idee, gab auf im Geiste.

Da kam Aberach und streckte
seinen Finger aus, und zeigte,
wo der Teufel sich versteckte:
Im Detail, das sich verzweigte.

(09.03.2018)

Sternenkunde

Warum, fragt Wennemann,
warum er sehen kann
der Gestirne Funkeln
einzig nur im Dunkeln.

Aberach fragt: Hast
du gehört, Kontrast
erst lässt etwas erkennen
und die Dinge trennen?

Auf weisser Fahne kann
man nicht sehen dann,
nie um keinen Preis,
Adler, wenn sie weiss.

Weisser Adler
auf weissem
Grund

Das Gute auch im Leben
erkennen wir erst eben,
wenn es uns erlösen
will von allem Bösen.   (21.01.2019)

Das Katzenhafte

Wennemann
stösst öfter an,
beim Gang durchs Zimmer
stösst er sich, und schlimmer,
in Keller und in Küche
hört man seine Flüche,
wenn er wieder angeeckt
an einer Ecke, die versteckt.

Man weiss ja, Hausunfälle sind die mehrsten
und weit mehrer noch als die verkehrsten.

Als er wieder einmal schmerzerfüllt
am Schienbein eine Beule kühlt,
nimmt Aberach sich seiner an
und sagt ihm, was ihm helfen kann.

Schau dort drüben jene Katze,
wie sanft setzt sie da Tatz' vor Tatze,
wie elegant und wie geschmeidig,
wie fliessend, glatt und seidig
ist ihr Gang und ist ihr Lauf.
Nimm das für dich als Vorbild auf,
und du wirst gar bald befinden,
wie deine
blauen Flecke
schwinden.

(06.04.2018
0248)

94

Balance

Wennemann, so recht verdrossen
wie jener Pudel, der begossen,
tigert heute durch das Haus
und schilt sich lauthals selber aus,
was ihm schon Last vom Herzen nimmt
und ihn ein wenig besser stimmt,
denn er ist darauf erpicht,
dass Aberach ihm widerspricht.

Anders aber als gewöhnlich
nickt der andre nur versöhnlich,
was wiederum der Wennemann
keineswegs verstehen kann,
und was ihn auf die Palme bringt,
so dass er jetzt ganz anders klingt
und nunmehr vehement verteidigt,
was er eben noch beleidigt.

Danach spricht Aberach beim Bier:
Ich bin der Widerspruch in dir,
ich gebe dir erst die Balance
und deinem Leben eine Chance.

(02.08.2019 0540)

Die Religion des Allerschönsten

Wennemann hat eine Religion entdeckt,
die wunderbare hehre Ziele steckt,
und will sogleich mit fliegendem Panier
in die Gemeinde treten jetzt und hier.

Da gibt Aberach ihm zu bedenken,
dass die Gemeindebonzen mit viel Ränken
die schöne Lehre längst verwässerten
mit dem frommen Vorwand, sie verbesserten
dieselbe nur, doch hätten sie indessen
die einzig nur für ihre Interessen
in jeder Hinsicht um- und umgebogen
und sie nach Strich und Faden umgelogen –
sie böten zwar die schönsten Phrasen feil,
doch praktisch täten sie das Gegenteil.
Wennemann verliert darauf den Mut
für seinen Beitritt zu dem Institut.

Und wieder meldet sich der Aberach:
Jetzt, bitte, denke doch noch einmal nach –
Menschen sind in jedem Institute,
brave Leute und nicht ganz so gute,
die in dieser kontradikten Peilung
sich bewegen nach der Gauss-Verteilung.
In welche Richtung du tendierst von beiden,
musst am Ende du allein entscheiden,
was immer auch dein Credo sei,
ob in
Gemeinschaft
oder frei.

(03.08.2019 0540)

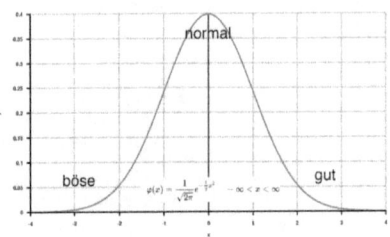

Pferd und Wagen

Wennemann erinnert sich der Bilder
seiner Jugend, Sommer war's, ein milder,
Pferde zogen Wagen allenthalben,
schwarze, braune, weisse und auch Falben,
als er heute sich aufs Blut erschreckte
und doch wirklich und wahrhaft entdeckte,
wie drei Pferde, und dazu gesunde,
auf dem Kreisel drehten eine Runde,
aber statt zu ziehen wie vor Jahren,
liessen sie sich von dem Wagen fahren!

Wie verkehrt ist doch die Welt geworden,
denkt er sich und rechnet jetzt mit Horden
von Reitern, die mit Mühen und mit Plagen
statt aufzusitzen ihre Pferde tragen.

(04.08.2019 0340)

Planung rückwärts

In Herrn Wennemannes Republik
herrscht eine ganz spezielle Politik.
Kinder rettet man dort erst in allen
Fällen, wenn sie in den Brunn gefallen.
Bei Babies wird niemals vorausgesehen,
wann sie nach Geburt zur Schule gehen,
was zum steten Zyklus führen muss
von Lehrermangel und dann Überschuss.

Statt an des Übels Wurzel anzugreifen,
lässt man die Dinge endlos lange schleifen,
um dann vom Ende her zu retouchieren,
was man am Anfang konnte leicht kurieren.

Ähnlich geht es zu beim Klimapoker:
Des kleinen Mannes Auto soll der Joker
sein zur Rettung dieser unsrer Erden,
Kriege, Terrorakte aber werden
wie auch Feuerwerke munter weiter
fortgesetzt als wär es nicht gescheiter,
einzubremsen grosse Emittenten,
statt zu rupfen kleine Delinquenten.

Wenn es gilt, zu strafen und zu schröpfen
oder auch mal jemanden zu köpfen,
wählt man lieber nicht den schlimmsten Mann,
sondern den, der sich nicht wehren kann.
Die Steuer und die Strafjustiz des Lands
wählt gern den Weg geringen Widerstands.
Bequemer ist es, falsch geparkte Wagen
anstatt Raserrüpel zu bejagen.

Wennemann schliesst scharf so wie ein Messer:
Auf diese Weise wird die Welt nicht besser.

(22.09.2019)

Wennemann im Baumarkt

Wennemann, der Ordentlichsten einer
nicht, geht gerne in der Nähe seiner
Wohnung hin zum Technik-, Bau- und Garten-
Zenter, wo die schönsten Dinge warten
und die prächtigsten Maschinen strahlen,
fein sortiert in endlosen Regalen.
Und er greift hinein mit beiden Händen,
prüfend, was er könnte gut verwenden,
was, als ob er es nicht besser wüsste,
dringend er nun auch noch haben müsste.

Heimwärts strebt er schwer bepackt wie immer
und entleert die Ladung in sein Zimmer,
wo die andren Schätze und Doubletten
sich schon türmen auch auf seinen Betten.
Als er sich nun kaum noch rühren kann,
ruft er Aberach verzweifelt an:
Nimm, so spricht er, was du haben magst,
Hauptsach', dass du's aus dem Hause tragst,
was noch bleibt, das gebe ich dann weg
an den Flohmarkt für 'nen guten Zweck.

(22.11.2019)

99

Schlaf waagerecht

Warum, so fragt der Wennemann,
man besser waagrecht schlafen kann.
Aberach spricht, ich berichte
dir aus unsrer Stammgeschichte,
wo ganz zu Anfang auf dem Meer
Lipide schwammen rings umher,
zu formen erst einmal Membranen
als Urtyp aller unsrer Ahnen.
Im Schlaf tauchst du wie eine Puppe
hinab in diese Arche-Suppe,
und damals wie auch heutzutage
hält dich das Wasser in der Waage.

(07.10.2019)

Morgendämmerung

Nach einer erquicklichen Nacht
ist Wennemann endlich erwacht,
doch war diese Nacht viel zu schön
um jetzt schon aus ihr fortzugehn,
deshalben verharrt der Geselle
noch etwas bei ihr auf der Schwelle,
und kostet die Restschläfrigkeit
als Göttergeschenk aus der Zeit.

(26.01.2020)

Träumerei

Wennemann erzählt dem Freunde Aberach,
seine Sehkraft lasse mit den Jahren nach,
und um scharf zu sehen reiche nicht der Wille,
vielmehr brauche er jetzt immer eine Brille.
Allerdings bemerke er, man glaubt es kaum,
dass das Bild gestochen scharf sei nachts im Traum,
was noch mehr verwundere, so Wennemann,
weil man sonst im Dunkeln gar nichts sehen kann.
Nur vor kurzem, und das habe ihn verwirrt,
war das Bild im Traum vernebelt und verflirrt.
Auch die Brille, die er schnell herbeigeträumt,
habe leider das Problem nicht ausgeräumt.
Wo, so fragte er sich, hole ich mir Rat her,
helfen Augenärzte oder die Psychiater?
Hilft die hochverdünnte Homöopathie
oder vielleicht Ayurveda und Tai Chi?
Sicher ist nur, dass ihn da die Krankenkassen
allesamt auf seinen Kosten sitzen lassen.
Aberach jedoch weiss wieder Rat zu geben:
Ein Problem im Traum kann nur der Traum beheben,
und so rate ich dir, um es kurz zu fassen,
träume dir den Wunderarzt und Wunderkassen.

(26.01.2020)

Blick in die Zukunft

Es sprach der Wennemann zum Aberach:
Meist ahne ich, was ist und wie es kam,
doch lieber wüsste ich, was kommt danach –
die ungewisse Zukunft macht mir Gram.

Freund Aberach erwidert darauf schlau:
Ich glaube nicht, dass es dir wirklich frommt,
wenn du in jedem Falle ganz genau
weisst, was da unausweichlich alles kommt.

Denn hättest du die Zukunft ganz bezähmt
und wärest ihrer durch und durch gewiss;
dann wärest du am Ende wie gelähmt,
wie nach der giftigsten der Schlangen Biss.

Weit besser ist es daher, wie es ist:
Du schaust mit wechselnder Wahrscheinlichkeit
voraus und hast zu eignem Tun noch Frist,
sofern verschiedne Wege stehn bereit.

Die Zukunft ist im Grunde eine Wette,
und jeder kalkuliert, so gut er kann.
Ein Fussballspiel wär' ohne Spannung, hätte
man den Endstand schon von Anfang an.

Wahrscheinlichkeit, die kleiner ist als eins,
birgt immer noch, und dort liegt manchmal Heil,
birgt immer noch dem Wesen nach was Fein's:
die Möglichkeit von ihrem Gegenteil

(27.01.2020)

Wert der Wahrheit

Wozu sollen wir in diesem Leben
noch nach Wahrheit und Erkenntnis streben,
wo doch Dummheit, Irrtum und die Lügen
über lauteste Präsenz verfügen ?

Wennemann will schon den Mut verlieren
und in dieser Sache resignieren,
als er heute Aberach getroffen,
der ihm neuen Anlass gab, zu hoffen.

Denn, so sprach der Freund, ein einzig wahres
Wort, das wirkt so wie ein edles rares
Kleinod, das als Licht in finstrer Nacht
uns und unsre Welt erhellt mit Macht,

ja im Grunde diese Welt erst schafft
durch im Innersten verborgne Kraft
der dort eingewobenen Gesetze,
was Johannes, den ich dafür schätze,

als Primat des Geistes postulierte
und im ersten Verse formulierte
– „in principio erat verbum"–
was gewiss nur gilt für „verbum verum".

Hätte nämlich jener Geist gelogen,
hätte jenes erste Wort getrogen,
liesse sich ein Kosmos nicht erzielen,
wo die Kräfte gut zusammenspielen.

Wennemann beschliesst, an dem Gedanken
sich sogleich beherzt emporzuranken
und den Lügen, diesen dummen frechen,
strikt und wo es geht zu widersprechen.

(08.02.2020)

Das Fahrrad

Wennemann, sich zu ertüchtigen
und die Polster zu verflüchtigen,
kauft ein Fahrrad sich, ein Fahrrad nur,
ein Rad, ein Rad sonst nichts, ein Fahrrad pur.

Wie er nun die ersten Kilometer
sich bemüht auf seinem neuen Treter,
wird er ausgerechnet an dem Berg,
und zwar aufwärts, von 'nem alten Zwerg
und dann noch von einer dicken Dame
überholt, als wäre er der Lahme.

Schliesslich hat er ihn dann doch entdeckt,
den Motor nämlich, der dahintersteckt.
Ob auch ich, beginnt er zu sinnieren,
einen Motor lass für mich trainieren?

(04.08.2019)

Links und Rechts

Wennemann kauft sich in Barmen
ein Paar von jenen dicken warmen
Wintersocken, die genormt
für Links und Rechts gut ausgeformt.

Um sie nun zu unterscheiden,
dient als Zeichen allen beiden
rechts ein roter Punkt auf Grau,
linkerseits ist dieser blau.

Kaum hat Aberach die Socken
gesehen, spottet er nur trocken:
Jetzt weisst du endlich voller List,
wo Links und Rechts zu finden ist.

Wennemann verteidigt sich:
Rechts und Links – das weiss doch ich,
doch, und hier schliesst das Gedicht,
die Socken selber wissen's nicht.

(11.02.2020)

Kompass

Um sich künftig nicht mehr zu verlaufen,
will Wennemann jetzt einen Kompass kaufen,
denn, der würde ihn in jeder Lage
recht und richtig weisen ohne Frage.

Aberach erklärt aus seiner Sicht,
ganz so einfach sei die Sache nicht:
der Kompass sei zunächst nur ein Gerät,
das gewisse Kräfte messen tät.

Also käme es sodann drauf an,
zu wissen, was gemessen wird, und dann
Störungen und Fehler zu taxieren
und die Richtung wohl zu kalkulieren.

Wer mit Unverstand nach Kompass rennt
und die Interdependenz nicht kennt,
wird, das lässt sich leider nicht verhehlen,
schliesslich doch den rechten Weg verfehlen.

(17.02.2020 0410)

Im Reigen der Zeit

Wennemann und Aberach in reifen Jahren
fragen sich: wer sind wir und wer waren
wir am Anfang, und wie kam es so geschwind,
dass wir jetzt woanders und ganz andre sind ?

Hat uns so die Welt verwandelt oder haben
wir die Welt verändert mittels unsrer Gaben ?
Ferner fragt sich Wennemann, ob es ihn ohne
Aberach und jenen ohne ihn sich lohne

auch im Ansatz nur zu denken, ob am Ende
nicht Polarität allein die Triebkraft spende,
um die Welt in Fluss zu halten frank und frei
ganz nach Heraklit und seinem „panta rhei".

Wenn wir aber heute andre sind als gestern,
wer zum Teufel haftet dann, ihr Brüder, Schwestern,
für die Taten jener scheinbar andren Leute
und wer wird dann morgen haften für das Heute?

(18.02.2020)

Heilwirkung der Untersuchung

Herr Wennemann, er fühlt sich schwach
und fragt um Rat Freund Aberach.
Der hat erst sorgenvoll geblickt
und ihn dann gleich zum Arzt geschickt.

Der Doktor schaut und prüft und misst
bis alles durchgetestet ist
und kommt zu folgender Bilanz:
Es liegen alle Werte ganz

genau im Normbereiche und
der Kandidat gilt als gesund.
Ihn hat, zu Hause angekommen,
der Aberach sich vorgenommen.

Du weisst, der Teile Summe ist
das Ganze nicht, jetzt also bist
du selbst gefragt, damit noch aus
den Blumen wird ein Blumenstrauss.

Und Wennemann, nun auch nicht faul,
gibt sich wie einem lahmen Gaul
zuerst die Peitsche, dann die Sporen,
gewinnt zurück, was schon verloren.

Der Glaube an die guten Teste
bewirkt zuweilen doch das Beste.
Drum wollen wir zu Testen eilen,
die uns von unsren Zweifeln heilen.

(07.08.2020)

Empathiker

Wennemann, von Empathie getrieben,
hat sich gern in fremdes Los versetzt
und ist auch mal länger dort geblieben,
bis er besser als sich selbst zuletzt

diesen andern kannte und am Ende
meinte, besser auch als jener andre
selber, wisse er in dem Gelände
Rat, obschon er als ein Gast dort wandre.

Frauenschicksal reizte ihn am meisten,
weil zum Leben Frauen im Vergleich
weitaus mehr als Männer Beitrag leisten,
Relation wie Tropfen und ein Teich.

Alma, der er dieses vorgetragen,
winkt nur milde ab und repliziert:
Wo du grübelst, handeln wir seit Tagen,
weil des Lebens Pulsschlag sonst stagniert.

(19.02.2020)

Schlaflosigkeit

Des Morgens früh am Frühstückstisch
erscheint Herr Aberach ganz frisch,
nur Wennemann ist wie gerädert,
die Augen sind ihm rot geädert,
er klagt, dass er die ganze Nacht
kein einzig Auge zugemacht.

Doch Aberach lässt das nicht stehen
und sagt: Ich hab nach dir gesehen
und fand dich schlummernd tief und fest
in deinem warmen weichen Nest.

Na gut, dann war es eben nur
ein Traum, und Wennemann bleibt stur,
auch der geträumte Schlafentzug,
der sei doch wirklich schlimm genug.

(19.02.2020)

Elite allein zu Haus

Ach wenn, rauft sich die Haare,
ach wenn doch, Gott bewahre,
auf dieser Welt von heute
allein noch gute Leute
lebten und die schlechten
ganz verschwinden möchten,
das wünscht sich Wennemann
und schaut die Fee gross an,
die dann auch über Nacht
das Wunder hat vollbracht.

Wo früher viel Gerangel,
herrscht nunmehr grösster Mangel
an Personal für alles,
so dass im Fall des Falles
die Räder stehen still,
was Wennemann nicht will.

Verzweifelt ruft er nach
dem Freunde Aberach,
der eine andre Fee
dazu gewinnt beim Tee,
den Zustand zu beenden
und wieder rückzuwenden.

Es lautet der Befund:
der Laden läuft nicht rund
nur mit der besten Klasse,
man braucht die breite Masse.

(24.02.2020 0125)

Vom räumlichen Sehen

Als Wennemann schon reifer war,
da reifte auch sein Augenstar,
und zwar, um es etwas genauer
zu sagen, dieser war ein grauer.

Damit ging er zu Doktor Binse
zwecks Einbau einer neuen Linse.
Danach, was sichern Schutz bezweckt,
wird dieses Auge abgedeckt
und blickt somit zur Innenseite,
das andere hinaus ins Weite.

Der Mensch kann sich ganz neu besinnen,
schaut er nach aussen und nach innen
mit diesem Stereoeffekt,
den Wennemann für uns entdeckt.

(25.02.2020)

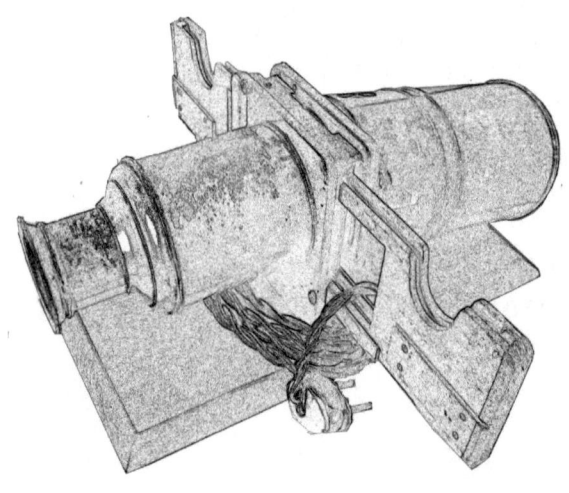

Tempo 70

Wenn Wennemannes Neffe Kunibert
mit seinem Auto durch die Gegend fährt,
und unser Wennemnn fährt hinterher,
dann ärgert das den Onkel meistens sehr,

denn auch bei freier Strasse über Land
fährt dieser Neffe siebzig unverwandt,
und Wennemann klebt lange hinten dran,
bis dass er endlich überholen kann.

Doch schon im nächsten Städtchen auf der Strecke
schiesst Kunibert mit siebzig um die Ecke
und sitzt dem Onkel wieder blitz und potz
vor der Nase wie ein Bremsenklotz.

Darauf angesprochen, sagt er munter:
Siebzig fahr ich immer, und der Grund, der
ist, wie gut das meinem Motor tut,
und ans Ziel komm ich genauso gut
wie all jene komischen Gestalten,
die sich immer an die Regeln halten.

(26.02.2020)

Fahrsünder

Wennemannes Neffe Kunibert,
eben jener, der stets siebzig fährt
gleichermassen auf der Autobahn
wie in Zone dreissig nebenan,
leistet sich noch andre Lumpereien,
die genausolaut zum Himmel schreien.

So benutzt er seinen Blinker dreist
manchmal schon, doch unterlässt er's meist
und begründet das noch wie zum Hohne,
dass er Energie und Lampen schone.

In den Kreisverkehr blinkt er hinein,
doch hinaus lässt er es leider sein.
Will er an der Kreuzung rechts abbiegen,
holt er links aus, um den Knick zu kriegen,
geht's nach links, dann schneidet er ganz stur
zügig durch die linke Gegenspur.
Meistens braucht er von den Spuren zwei,
in besondren Fällen auch mal drei.
Andre machen Platz ob der grotesken
Fahrmanöver wie in Arabesken.

Falls die Wetterdienste Nebel nennen,
lässt er stets das Nebelschlusslicht brennen,
was mit grellem Licht aus LED
blendet wie die Sonne auf dem Schnee.

Bei dem Stoppschild will er nicht verweilen,
sondern lieber spornstreichs weitereilen,
dafür parkt er gern an jeder Ecke
innerhalb von der Fünfmeterstrecke
oder auch auf fremden Zufahrtswegen,
die ihm passend scheinen und gelegen.
Schwungvoll sieht man ihn von hinnen wippen,
rechts und links verteilend seine Kippen.
Selbst Aberach bemerkt am Rande,
dieser Kerl sei nichts als eine Schande.

(01.03.2020)

Was bleibt ?

Wennemann geriet ins Grübeln,
ob nicht zu all jenen Übeln,
die die Menschen so schon quälen,
auch noch dieses sei zu zählen,
nämlich, dass von allen Mühen,
denen wir uns unterziehen,
nichts ist von Bestand und Dauer,
vielmehr, dass es uns zur Trauer
gnadenlos im Strom der Zeit
flieht in die Vergessenheit.

Aberach erwidert leise:
Zählen wird am Schluss der Reise
nur die Liebe, die erwiesen
oder die wir unterliessen
gleich an Menschen und an guten
Werken, also lass uns sputen,
dass wir hier in diesem Leben
statt zu nehmen, lieber geben.

(02.05.2020)

Clon und Clon

Angesichts von zweien Dübeln
fällt Wennemann in tiefes Grübeln,
weil die aus Massenproduktion
sich gleichen wie ein Clon dem Clon.

Brächte morgen ein Hi-Tech-Labor
von Wennemann den Clon hervor,
wäre der dann er oder ich,
ich aber, wär ich er, und wenn mich
jemand küsst, küsst sie dann
diesen Clon oder Wennemann?
Wer in Folge küsst zurück,
ich, vielleicht mein Gegenstück?

Schlüg ich meinen Zwilling tot,
wär das Selbstmord und zur Not
Notwehr vor des Kadis Schranken,
weil dieselben Mordgedanken
im Kopf des anderen geglommen
und ich bin ihm zuvorgekommen?
Die Lage wird erst recht verzwickt,
wenn man weitere Clone schickt,
denn so wird der Tote explizit
zum Massenmord und Genozid.

Aberach erkennt schon aus der Ferne,
dass er helfen muss und tut es gerne.
Höre dir, mein lieber Wennemann,
ganz genau die deutsche Sprache an:
Sie trennt die SELBEN von den GLEICHEN,
um dein Dilemma einzudeichen.
EIN DING kann immer nur DASSELBE sein,
und ein zweites, das ihm gleicht zum Schein,
heisst demzufolge GLEICH, doch schon
zwei Namen, Muster, jede Abstraktion
wird, wenn kein Unterschied zu kennen,
man als DIESELBEN richtig nennen.
Abstraktionen aber handeln nicht,
und sie stehen auch nicht vor Gericht.
Alle deine Clone aber haben
eignes Wesen, eigne Seinsvorgaben,
und ihr dürft euch, sag ich im Vertrauen,
nicht mal eine runterhauen!

(01.03.2020)

Wennemann und die Pfauen

Aberach, mein Freund, auf deine Fragen,
wie mir's gehe, muss ich leider klagen,
dass an jedem Morgen gegen fünf Uhr dreissig
zwei der Pfauen schreien laut und fleissig,
was die andern Vögel überstimmt
und mir meinen Schlaf und Ruhe nimmt.

Aberach sprach darauf mit dem Pfauen-
züchter: Deine schönen Tiere klauen
meinem Freunde Wennemann den Schlaf –
halt sie länger drinnen, sei so brav !

So geschah es. Doch, als Aberach
seinem Freund erneut begegnet, sprach
dieser: Jetzt ist es um vieles schlimmer,
denn am Morgen warte ich jetzt immer
auf die Pfauen, aber – Fehlanzeigen,
meine beiden Lieblingsfeinde schweigen,
mir fehlt herzerfrischende Empörung
über die unzumutbare Störung,
ferner das Gefühl so klar und rein,
selbst und ganz allein im Recht zu sein.

(26.05.2020)

Vorbereitung

Es heisst, man solle sich beizeiten
auf dies und das gut vorbereiten,
und jene, die sich da verspäten,
gerieten in Kalamitäten.

Den Rat befolgte Wennemnn
und schaffte viele Dinge an,
die dann im Keller und im Garten
auf ihren Einsatz ewig warten.

Als er nach Jahren inspiziert,
ist er von manchem irritiert:
der Sinn der Sachen kam abhanden,
weil die Probleme statt nicht fanden.

Just da kommt Aberach gegangen
und meint: Weisst du, im Grunde langen
Messer, Gabel, Schere Licht,
Zange, Hammer, mehr braucht's nicht.

Die stets nur für die Zukunft sorgen,
die leben immer nur im Morgen,
und so verpassen diese Leute
ein frisches lebensfrohes Heute.

(28.05.2020)

Gang der Zeit

Wennemann vorm Wasserkocher
wartet, dass er koche, doch er
lässt sich Zeit, es dauert, dauert,
während andre Arbeit lauert.

Da beschliesst er, zwischendrinnen
etwas Neues zu beginnen.
Jetzt vergeht die Zeit im Fluge.
Als er nachschaut nach dem Kruge,

ist der glühend heiss und leer,
Wasser schwebt als Dampf umher.
Wennemann trifft Aberach
und beklagt sein Ungemach.

Höre, wie die Zeit mich linkte,
erst stand sie fast still und hinkte,
dann, als ich mich umgewandt,
ist sie mir davongerannt.

Aberach sprach: Nimm's wie's ist
und gebrauche eine List,
schalte deinen Timer scharf
für was man nicht vergessen darf.

(16.06.2020)

Kosmische Harmonie

Wie praktisch und wie angenehm,
wie nützlich und durchaus bequem
ist doch das Weltall eingerichtet,
so jubelt Wennemann und dichtet

ein Loblied auf den Kosmos: Immer
zum Schlaf verdunkelt sich mein Zimmer,
und muss ich dann mal raus im Dunkeln,
so leuchtet mir der Sterne Funkeln.

Die Nacht kühlt nach des Tages Hitze
auf dass ich nicht im Bette schwitze.
Die Sternenbahnen, sie bereiten
die allerschönsten Jahreszeiten.

Mein Freund, ruft Aberach, du bist
ein hoffnungsloser Egoist,
das Weltall schert sich wohl, das glaub
doch nicht, um dich, du Körnchen Staub!

Das mag schon sein, räumt jener ein,
und doch, mein Weltbild, das ist fein,
in meinem Bild, da herrschen die
Geborgenheit und Harmonie.

(24.06.2020)

Tagesanbruch

Wennemann erwacht um sechs
und denkt, die Zeit ist eine Hex,
der Tag hat noch so manche Stunde,
ich schlafe jetzt noch eine Runde.

Wennemann erwacht um sieben,
wo ist nur die Zeit geblieben?
So wohlig ist's im warmen Hafen,
da ist er wieder eingeschlafen.

Wennemann erwacht um acht
und ist jetzt darauf bedacht,
seine Pläne zu verkürzen,
denn man soll nichts überstürzen.

Wennemann erwacht um neun
und beginnt sich schon zu freun,
dass er sich zum Frühstück schickt,
und ist wieder eingenickt.

Wennemann erwacht um zehn,
den Kalender durchzusehn.
Wie er die Termine puzzelt,
ist er wieder eingedruselt.

Wennemann erwacht um elf,
Aberach ruft da: Ich helf
dir auf, ich hab dich
nicht vergessen,
so schaffst du's
noch zum
Mittagessen.

(25.06.2020)

Neues Horoskop

Nach vielen Jahren voller Skepsis
sucht wie in einer Katalepsis
Herr Wennemann sein Heil jetzt gerne
im Horoskop der Nachbarsterne.

Freund Aberach hat ihn gebeten,
zu überlegen, ob Planeten
und Monde solche Kraft entfalten,
obwohl sie lange schon erkalten.

Und sollten der Gestirne Kräfte
von Einfluss sein auf die Geschäfte,
dann viel wahrscheinlicher fürwahr
doch eine Nova, ein Pulsar,

ein Riesen-Energiegigant,
der Gas und Strahlung ausgesandt,
um damit auch einmal zu treffen
den Wennemann und seine Neffen.

(27.06.2020)

Das Bleibende im Wandel

Weil man nicht zweimal baden kann
im selben Flusse, gilt sodann,
dass auch man selber keinesfalls
derselbe wäre, sondern als
die Zeit und Raum Durchwanderer
im Grunde stets ein anderer.

Aus dem Prinzip macht ein Problem
wie oft Herr Wennemann, indem
er es ganz frech und ungeniert
an einem Falle ausprobiert.

Zum Beispiel fragt ein Arrestant,
warum er jahrelang verbannt
zur Busse sei für eine Tat,
die einstmals der begangen hat,
der früher er gewesen war,
ein andrer also, sonnenklar.

Selbst Aberach, dazu befragt,
hat lang gezögert, dann gesagt:
Der Fluss in jeder Einzelheit
verändert sich im Gang der Zeit
wie alles andere rasant
und gleicherweis dein Arrestant.

Als Fluss jedoch, nimm nur die Elbe,
bleibt er dem Wesen nach derselbe.
Und auch ein Mensch in seinem Wandeln
kann nicht sein Ich hinwegverhandeln.

Hierauf hat Wennemann beschlossen,
viel lieber treu und unverdrossen
er selbst und mit sich eins zu bleiben,
doch auch Entwicklung zu betreiben.

(25.07.2020)

Heilwirkung der Untersuchung

Herr Wennemann, er fühlt sich schwach
und fragt um Rat Freund Aberach.
Der hat erst sorgenvoll geblickt
und ihn dann gleich zum Arzt geschickt.

Der Doktor schaut und prüft und misst
bis alles durchgetestet ist.
Am Ende zieht er die Bilanz:
Es liegen alle Werte ganz

genau im Normbereiche und
der Kandidat gilt als gesund.
Ihn hat, zu Hause angekommen,
der Aberach sich vorgenommen.

Du weisst, der Teile Summe ist
das Ganze nicht, jetzt also bist
du selbst gefragt, damit noch aus
den Blumen wird ein Blumenstrauss.

Und Wennemann, nun auch nicht faul,
gibt sich wie einem lahmen Gaul
zuerst die Peitsche, dann die Sporen,
gewinnt zurück, was schon verloren.

Der Glaube an die guten Teste
bewirkt bisweilen doch das Beste.
Drum lasst uns zu den Testen eilen,
die uns von unsren Zweifeln heilen.

(07.08.2020)

Rettung der Welt

Und wenn und wenn, spricht Wennemann,
und wenn ich Müll in zweiundzwan-
zig Unteruntergruppen trennte
und Fahrrad führe bis zur Rente
und nur mit grünem Strome heizte
und überhaupt mit allem geizte,
was meinst du, Aberach, sag an,
ob ich die Umwelt retten kann?

Mein lieber Wennemann, auch wenn
die ganze Menschheit in der Ten-
denz alles so macht, wie du eben
sagst, eines ist nicht zu beheben,
und das, mein Lieber, ist nun mal
der Menschen übergrosse Zahl.
Wer dergestalt proliferiert,
wird stets natürlich reguliert,
denn die Natur kann nur Genüge
tun einzig im Gesamtgefüge.

(08.10.2020)

Löffeldreher

Wennemann, ein Freund von Technik und
                              Moderne,
ist es leid, dasselbe täglich auszuführen,
wie des Morgens seinen Kaffee umzurühren,
und gerät an eine Firma nahe Herne.

Die bewarb als allerneueste Geräte
ihre Löffeldreher, smart-home-kompatibel,
laserstrahlgesteuert und geschmackssensibel,
die, was bisher sonst am Markt noch keiner täte,

mittels künstlicher Intelligenz diktieren,
ob und auch wie viele man davon erwerben
will und was danach noch übrig ist für Erben.
Wennemann kauft erstmal eins, um zu probieren.

Das Gerät, obwohl in Deutschland hergestellt,
hat man *Spinning Spoon* auf Englisch taufen
                                                            lassen.
Gleich im ersten Test zertrümmert es die Tassen,
bis im Kleingedruckten man entdeckt: es fehlt

an speziellen Tassen, die man auch noch kaufen
muss – und die erwirbt nun unser Wennemann.
Solchermassen ausgestattet tritt er an
und bringt wiederum das Rührgerät zum Laufen.

Leise surren seine Rädchen und es steigt
allerwunderbarster Kaffeeduft empor
bis das Display meldet STOP FATAL ERROR -
ASK ADMINISTRATOR, und die Mühle
                                                            schweigt.

Nach Besuch von Kundendienst und Ingenieuren
und nach Zahlung hoher Rechnungen und Kosten
sieht sich Wennemann auf ganz verlor'nem
                                                            Posten,
und er bittet Aberach, ihn anzuhören.

Lieber Freund, sagt dieser, schau auf deine Hand,
ist sie nicht ein wunderbares Wundergut,
und so lange es dir seine Dienste tut,
brauche es und brauche eigenen Verstand.

(13.12.2020)

126

Dualismus

W. und A., sie führen ihren Hund
am selben Ort zur selben Stund
in eine jeweils andre Richtung.
Für den Hund ist das Vernichtung.

Ihm zu sparen diese Qual,
denken sie den Hund dual
wie Korpuskel und die Welle.
Der Hund quittiert mit freudigem Gebelle.

(23.12.2020)

Ade

Herr Wennemann ist alt geworden,
zwar schmücken ihn so manche Orden,
doch hat er die genau genommen
in einer andren Zeit bekommen.

Die Welt ist eine andre jetzt
und hat ihn bald ins Aus gesetzt.
Zu Anfang hat er das bedauert
und alten Zeiten nachgetrauert,

doch es geriet die Welt zum Schluss
ihm schliesslich selber zum Verdruss.
Da ist er still und ohne Bangen
ganz einfach aus ihr fortgegangen.

(08.02.2013 0220)

W & A danken

Wennemann, soeben erst geboren,
wäre spornstreichs wieder gleich verloren,
würde er sich in des Lesers Augen
oder Mund nicht neuen Odem saugen.

Selbst der Aberach, sein Zwiegefährte,
nicht allein die Garantie gewährte
auf ein Leben nach dem Niederschreiben –
weshalb beide dankbar hier verbleiben:

gez. Wennemann, Aberach ppa.

(15.02.2013 0313)

Über den Autor

 Eberhard Wolfgang GRUNDMANN * 1942 Dresden. Kindheit in Wippra / Südharz. Studium der Medizin in Jena und Greifswald, Facharzt HNO, Chefarzt, Praxis mit Belegabteilung in Bayern bis 2009. Heirat 1968, 1977 Flucht mit 5-köpfiger Familie aus der „DDR" aus politischen Gründen. Gedichte seit 70er Jahren. Mitglied im Bundesverband Deutscher Schriftsteller-Ärzte.

Bibliographie (Auswahl)
Die Stimme Gottes – Eine Textrecherche in Bibel und Kor'an. Geissner H K (Hrsg.): Stimmkulturen. 3. Stuttgarter Stimmtage 2000. St. Ingbert: Röhrig Universitätsverlag. ISBN 3-86110-308-7. 149-153

Bekannte Sprechstimmen und ihre Nachahmung. Vortrag 2.10.2004 5. Internationale Stuttgarter Stimmtage

FUGA TEMPORIS – Zur Abhärtung gegen höhere Geburtstage. Lyrik.
1. Aufl. Projekte-Verlag Cornelius, 2009. ISBN 978-3866348530
2. Aufl. Seemann Publishing, 2019. ISBN 9781093508895

Lieber Liebe – Von Frauen, Männern, Kindern und
Liebe. Lyrik.
1. Aufl. Projekte-Verlag Cornelius, 2012. ISBN 978-
3862377626
2. Aufl. Seemann Publishing, 2019. ISBN
9781091247512

Anecdota medicorum: Anekdoten aus Praxis, Klinik,
Studium. CreateSpace Independent Seemann
Publishing Platform
3. Aufl. 2019 ISBN 9781976923746

Ein Tag im Juli 2062. Anthologie 2012. Projekte-Verlag
Halle.
ISBN 3954862778

VOLANDIANA. Aphorismen.
Seemann Publishing, 2018. ISBN 978-1-729-3

Eva und Adam. In: Almanach deutschsprachiger
Schriftsteller-Ärzte 2018: Verlagsgesellschaft W. E.
Weinmann, Filderstadt
ISBN 978-3-921262-72-6

Interview mit Jesus von Nazareth. In: Almanach
deutschsprachiger Schriftsteller-Ärzte 2019:
Verlagsgesellschaft W. E. Weinmann, Filderstadt ISBN
978-3-921262-73-3

Synelonti – Lyrik. Seemann Publishing 2020
Bd. 1 ISBN 9798558169201, Bd. 2 ISBN 9798558762440,
Bd. 3 ISBN 9798558765816

Zeitfracht Medien GmbH
Ferdinand-Jühlke-Straße 7
99095 Erfurt, Deutschland
produktsicherheit@kolibri360.de